KB043656

자신감 있는엄마,
자신감 있게
크는 아이

JUNISAI MADE NI "JISHIN GUSE" WO TSUKERU OKAASAN NO SHUKAN
Copyright ©Yoshiko Kusumoto, 2017
All rights reserved.

Original Japanese edition published in 2017 by CCC Media House Co.,Ltd.
Korean translation right arranged with CCC Media House Co., Ltd.
Through The English Agency (Japan) Ltd and Korea Copyright Center Inc.

이 책은 (주)한국저작권센터(KCC)를 통한 저작권자와의 독점계약으로 경원출판사 에서 출간되었습니다.
저작권법에 의해 한국 내에서 보호를 받는 저작물이므로 무단전재와 복제를 금합니다.

자신감 있는 엄마, 자신감 있게 크는 아이

초판 1쇄 발행   2018년 10월 17일

지은이   구스모토 요시코
옮긴이   하진수
출판기획   경원북스
등록   2018년 3월 27일 (제307-2018-15호)
펴낸곳   경원출판사(경원북스)
주소   서울시 중구 퇴계로 272 아도라타워 601호
전화   02-2607-2289
팩스   02-6442-0645
인쇄   (주) 두경프린텍
이메일   kyoungwonbooks@gmail.com

ISBN 979-11-963727-5-0 (03370)
정가 12,000원

잘못된 책은 본사나 구입하신 서점에서 교환해 드립니다.

신저작권법에 의해 한국 내에서 보호받는 저작물이므로 저작권자의 서면 허락 없이 이 책의 어떠한 부분이라도 전자적인 혹은 기계적인 형태나 방법을 포함해서 그 어떤 형태로든 무단 전재하거나 무단 복제하는 것을 금합니다.

이 도서의 국립중앙도서관 출판예정도서목록(CIP)은 서지정보유통지원시스템 홈페이지(http://seoji.nl.go.kr)와 국가자료공동목록시스템(http://www.nl.go.kr/kolisnet)에서 이용하실 수 있습니다.(CIP제어번호: CIP2018030865)

아이의 미래를 만드는 엄마의 49가지 기술

자신감 있는엄마,
자신감 있게
크는 아이

구스모토 요시코 지음 | 하진수 옮김

경원북스

자신감 있는 엄마,
자신감 있게 크는 아이

구스모토 요시코 (「자녀 미래 교실」 원장)

이번 책에서는 아이의 「자신감」에 대하여 생각해 보고 싶습니다. 자신감은 아이뿐만 아니라 어른에게도 중요합니다. 그런데 도대체 왜 자신감을 만들어 주어야 할까요?

「아이가 지금보다 공부를 더 잘하게 되면 저절로 자신감이 붙을 거야」라고 생각하는 엄마가 있을지도 모릅니다. 마찬가지로 운동을 더 잘하게 되거나 친구를 더 많이 만들게 되면 저절로 자신감이 생길 것이라고 말이죠.

하지만 저는 순서가 반대라고 생각합니다. 스스로에게 자신감이 없으면 새로운 것에 도전하려는 마음이 생기지 않습니다. 실패하는 것을 두려워하기도 하고, 어차피 자신은 못한다며 해보기도 전에 부정적인 생각에 사로잡혀서 애초에 도전 의욕이 생기지 않는 것입니다.

그것은 공부도 마찬가지입니다. 「어차피 나 같은 사람은 안 된다」라는 생각에 사로잡히면 스스로 공부하려는 마음이 생길 리 없습니다. 그런 부정적인 생각으로 책상 앞에 앉아서 마지못해 공부하는 아이는 당연히 발전하지 못합니다.

끈기 있게 새로운 것을 배우는 자세를 몸에 익히려면 무엇보다도 자신감이 없으면 안 됩니다. 답을 틀린다거나 시험에서 안 좋은 점수를 받는 등의 「실패」를 두려워하지 않고 과감히 부딪혀 나가려면 자신감이 반드시 필요합니다. 공부든 운동이든 아이의 재능을 발전시켜 나가기 위해서는 설령 실패했다고 해도 거기서 꺾이면 안 됩니다. 그러려면 「나는 안 돼!」 「나에게는 불가능해!」라는 식으로 자기 부정을 하지 않는 것이 무엇보다도 중요합니다.

그렇다고 여러분의 아이를 「(아무런 근거가 없는데도) 자신감만은 꽉 차 있는」 건방진 아이로 키우라는 의미는 아닙니다. 「잘할 수 있을지 없을지 모르지만 해보자!」 「나도 잘할 수 있을지 몰라!」라는 도전 정신이 있는 아이로 키우기를 바라는 것입니다.

과학이 발전하여 지금은 인공지능(AI)이 일반 가정에서까지 사용되고 있습니다. 이런 시대에서 살아가려면 그저 시키는 대로 순종하여 답을 찾는 것이 아니라 스스로 새로운 발상을 해내고 그것을 실행해 나갈 용기가 필요합니다. 이 용기의 바탕이 되는 것이 자신의 가능성에 대한 믿음, 즉 자신감입니다.

자신감은 엄마에게도 반드시 필요합니다. 스스로에 대한 자신감이 부족해서 남이 좋다는 공부법대로 억지로 공부를 강요하거나 닥치는 대로 학원을 보내는 엄마들을 자주 보았습니다. 그렇게 하는 엄마의 마음을 이해는 하지만, 엄마가 먼저 자신감을 품고 자신에게 어울리는 인생을 살겠다고 마음먹어야 합니다.

자신감을 얻는 것이 그렇게 어렵지는 않습니다. 인생을 대하는 자세에 조금만 변화를 주면 자신감이 붙는 비결이 보일 것입니다. 아이를 위해서만이 아니라 엄마 스스로를 위해서도 부디「자신감」에 대해 생각해 보면서 이 책을 끝까지 읽어 보면 좋겠습니다.

차례

|1장|
12살까지 아이의 미래를 위한 공부법을 찾아라!

| 2 장 |

아이의 가능성을 찾아라!
: 「학원, 게임, 핸드폰, 친구」 관리 요령

| 4장 |

쑥쑥 자라나는
아이의 자신감

아이를 위해서도 엄마 자신을 위해
서도 「자신감」을 놓치지 마세요

자신감 있는 엄마,
**자신감 있게
크는 아이**

12살까지 아이의 미래를 위한
공부법을 찾아라!

엄마의 방법은
이미 구식일지도 몰라요!

아이 몸에 공부습관이 배면 좋겠다고 생각하는 엄마들 중에는 자신이 어렸을 때 써먹은 공부법대로 아이를 지도하는 사람도 있을 거예요. 예를 들어 「영어단어나 한자는 열 번 반복해 쓰면서 외운다」 같은 방법 말입니다.

하지만 그 방법은 이미 「구식」일지도 몰라요. 인간의 뇌 연구와 심리학 연구는 점점 진화하고 있습니다. 여러분이 어렸을 때 「좋다」라고 알려졌던 공부법이 현 시점에서는 「효과가 없다」 혹은 「역

효과」라고 결론이 났을지도 모릅니다.

지금 이 순간에도 더 효과적이고 효율적인 공부법은 꾸준히 개발되고 있습니다. 공부법을 가르쳐 주는 책은 시중에 아주 다양하게 출간되어 있고, 인터넷상에서도 많은 학습 정보가 있습니다. 부디 이런 정보를 놓치지 말고 적극적으로 도입해 보세요.

그렇다고 해서 「무엇이 됐든 최신의 것이 정답」이라는 말은 아니에요. 여러분의 아이에게 맞는 공부법이냐가 중요합니다. 자신의 아이에게 맞는 방법이라면 그것이 정답입니다.

만약 여러분이 어렸을 때 써먹은 공부법이 아이에게도 맞으면 그 공부법을 알려 주어도 좋다고 생각합니다. 옛날 방식이 전부 나쁜 것도 아니니까요.

다만, 한 가지 주의할 점이 있습니다. 여러분이 해봐서 좋았던 방법이라면 그것을 아이에게 시도해 보아도 좋지만, 여러분이 해봐서 나빴던 방법을 무리하게 시도해 보지는 마세요.

"나는 이렇게 공부해서 성적이 올랐어!" 하고 아이에게 말할 수 있는 방법이라면 선택지 중 하나로 아이에게 알려 주세요. 엄마의 말을 듣고 아이가 흥미를 보일 거예요. 하지만 여러분도 실패했던 방법을 아이에게 강요하지는 마세요. 여러분이 하지 못했던 일입니다. 아이도 하지 못할 확률이 높습니다. 물론 아이가 도전해 보겠다고 한다면 시도해 보아도 좋습니다.

가령 여러분 자신은 잘하지 못했던 방법이라도, 최신 공부법이라도 그것이 아이에게 맞는 공부법일지는 알 수 없는 문제입니다. 그러므로 절대 강요하지 마세요. 이는 엄마뿐 아니라 아빠에게도, 할아버지나 할머니에게도 당부하고 싶은 말입니다. 어른들은 모두 「나는 이렇게 암기했다」「우리 때는 이렇게 공부했다」라며 자신이 좋다고 여기는 공부법을 알려 주고 싶어 합니다.

제가 아는 사람의 가정은 할아버지와 할머니가 우수한 대학을 나왔다는 이유로 손자에게 자신들의 공부법을 가르쳐 준다고 합니다. 하지만 그 방식은 「수십 년 전에나 좋은 공부법」이잖아요?

시대에 뒤처진 공부법을 강요해서 아이가 공부습관을 들이지 못한 채 모처럼의 재능을 발전시키지 못하는 일이 발생하지 않도록 아이에게 많은 선택지를 건네주기 바랍니다.

 가장 좋은 공부법은 아이에게 맞는 공부법이다.

Point

평소 아이를 눈여겨보면
성적표는 보지 않아도 돼요!

육아와 마찬가지로 「이것이 정답!」 「이것이 베스트!」라고 할 수 있는 「정석 공부법」은 없습니다. 다른 아이가 효과를 본 방법이라고 해서 여러분의 아이가 똑같이 효과를 본다고 단정할 수는 없습니다.

그러므로 여러분의 아이에게 가장 좋은 공부법, 여러분의 아이가 가지고 있는 재능이 가장 크게 성장할 수 있는 공부법을 찾아주어야 합니다.

자신감 있는 엄마, 자신감 있게 크는 아이

아이를 학원에 보내는 엄마들 중에는 「학원에 다니고 있으니까 괜찮아」라고 생각하는 사람이 많습니다. 돈을 지불했으니 「알아서 해 주겠지!」 「어떻게든 해 주겠지!」 하고 안심해 버리는 것이죠. 아이 성적이 오르지 않으면 「학원이 안 좋다」 「아이가 열심히 안 했어」라고 여깁니다.

하지만 어쩌면 그 학원이 아이에게 맞지 않은 것일지도 모릅니다. 개인지도 방식의 학원이 좋을지, 여러 인원을 함께 가르치는 교실제 학원이 좋을지는 아이마다 다릅니다. 학원이 맞지 않으면, 인터넷 교재나 DVD교재 등으로 집에서 공부시키는 편이 좋을지도 모릅니다.

다시 한 번 말하지만, 여러분의 아이에게 가장 맞는 공부법이 무엇인지 아는 것이 핵심입니다. 제가 이렇게 말하면 "무엇이 아이에게 맞는지 모르겠어요." "아이가 제대로 공부하도록 만들려면 어떻게 해야 할까요?"라는 질문이 돌아옵니다. 대답은 간단합니다. 아이를 눈여겨보면 알 수 있습니다.

학교나 학원에 갈 때의 태도, 돌아왔을 때의 모습, 집에서 공부할 때의 모습, 시험이 끝난 후의 태도 등 아이를 눈여겨 관찰해 보면 즐겁게 공부하고 있는지, 착실히 공부하고 있는지 알 수 있을 것입니다.

엄마들은 시험 결과를 보고 나서야 「잘하고 있구나」 「어떻게 이 점수밖에 못 받는담?」 하고 알게 됩니다. 하지만 아이의 평소 생활 태도를 눈여겨보면 다음 시험에서 어느 정도의 점수를 받을지 알 수 있습니다. 아이를 주의 깊게 관찰해 보면, 「시험지 보여줘!」라는 말 따위 하지 않아도 됩니다. 애초에 시험 결과를 보고 나서 화를 낸다고 해도 이미 늦은 일일 테죠.

결과가 나오고 나서 화를 내거나 칭찬하는 것이 아니라 평소에 지켜보면서 아이가 애쓰고 있으면 칭찬하고, 게을리 하면 주의를 주거나 다른 공부법을 시도해 보세요. 그렇게 해서 아이가 성장할 수 있게 도와주는 것이 엄마의 역할입니다.

어느 날은 한 남자아이가 "학원이 너무 재미있어!"라고 말하기에 "학원이 그렇게 재미있어? 학원에서 뭐했는데?"라고 물어보았습니다. 그러자 "친구와 맨 뒤에 나란히 앉아서 계속 게임했어요!"라고 신이 난 듯 말하는 겁니다.

게임을 했으니 재미있을 수밖에 없죠. 하지만 「학원에서 열심히 공부하고 있겠지」라고 안심하고 있을 남자아이의 부모는 이 사실을 알면 어떨까요? 남자아이의 부모 입장에서는 돈을 낭비하고 있는 셈이 아닐까요? 아이를 주의 깊게 보지 않으면 여러분에게도 이와 같은 일이 일어날지도 모릅니다.

부디 평소 아이를 주의 깊게 관찰해 보세요. 그리고 아이가 즐겁게 공부해서 능력을 향상시킬 수 있는 방법을 엄마가 찾아 주세요.

아이를 눈여겨보면 아이에게 맞는 공부법이 보인다.

「80점만 받아도 돼!」라는 말은 금지! 아이의 가능성을 더 끌어올리세요!

본래라면 아이의 가능성을 크게 높여 주어야 할 부모가 실제로는 아이의 잠재력에 제동을 거는 일이 많습니다. 게다가 더 큰 문제는 자신이 제동을 걸고 있다는 사실을 모르는 부모가 많다는 점입니다.

제가 아는 한 남성은 어렸을 때 부모에게서 "네가 야구부에 들어가 봤자 어차피 안 돼!"라는 말을 들으면서 컸고, 어른이 되어서도 "창업이라니, 당연히 실패할 게 뻔해!"라는 말을 듣고 있습니다.

하지만 그 남성은 부모가 하는 말이니까 믿고 순종하며 살고 있습니다. 원하는 야구부에 들어가지 않았고, 원하는 창업도 하지 않았죠.

이런 육아 방식이 올바른 걸까요? 아이에게 「한계」가 있는 것처럼 말하는 육아 방식은 아이의 자신감을 처음부터 싹트지 못하게 합니다. 도전하려는 마음을 키우지 못한 아이는 무난한 자세로만 삶을 살아가려고 합니다. 그렇게 어른이 된 아이는 인생이 즐겁지 않을 거예요.

왜냐하면 도전의 즐거움을 모를 테니까요. 「이것을 해보고 싶어!」 「저것을 해보고 싶어!」 같은 발상조차 사라지겠죠. 가령 발상을 떠올렸다고 해도 실제로 행동에 옮기지는 않아요. 「어차피 못할 거야」 하고 시작도 전에 단념해 버리거든요. 어쩌면 이런 아이가 은둔형 외톨이가 되는 것일지도 모릅니다.

공부에 관해서도 마찬가지입니다. 아이의 학습 능력에 부모가 제한을 그어 버리면 안 됩니다. 예를 들어 부모가 「80점 받으면 됐지」 「중상위 클래스도 좋지」라고 말하면 아이는 그 선까지밖에 성장하지 못합니다.

이는 유명한 「벼룩 실험」으로 증명되었습니다. 2m 정도 뛰는 벼룩을 50cm 높이의 박스에 가둬두면, 다시 박스에서 벼룩을 꺼내 놓아도 50cm밖에 뛰지 못합니다. 박스 안에서 몇 차례 뛰다가 박스뚜껑에 부딪힌 벼룩이 「여기가 한계구나」 하고 학습했기 때문입니다.

아이도 마찬가지입니다. **특히 어렸을 때 「여기까지 뛰면 괜찮아!」라고 제한을 정해 주게 되면 아이가 그것을 뛰어넘기 힘들어집니다.** 제게 상담하러 온 아이들을 보면, 「80점도 괜찮아!」라는 데에서 벗어나는 데 평균 2년이나 걸렸습니다.

부모가 정한 제한에 익숙해진 아이는 내가 「100점 받아보면 어때?」라고 해도 왜 그래야 하는지 모르겠다는 반응을 보입니다. "실수할 수도 있잖아요." "절대 못해요!"라며 처음부터 100점을 맞을 수 있다는 생각을 하지 않습니다.

언제나 "100점을 목표로 해야지!"라고 말하라는 게 아닙니다. 아이의 학습 능력에 제한을 둘 필요는 없다는 말입니다. 그런 의도는 아니었겠지만, 「80점도 괜찮다」라는 엄마의 말이 더 높아질 수 있는 아이의 가능성에 상한선을 설정해 버렸고 그것이 아이의 학습 능력 성장을 막았을 것입니다.

학부모라면 아이가 공부를 점점 잘해서, 점차 성장하길 바랄 것입니다. 앞으로는 「80점도 괜찮아」라는 말은 구태여 하지 않아도 됩니다. 아이의 잠재된 가능성과 관련해서 좀 더 심도 있게 말하자면, 100점으로 끝날 리도 없습니다.

왜냐하면 인생에는 「이것으로 OK!」라고 끝낼 수 있는 도착점이 없기 때문입니다. 공부도, 노력도 쭉 계속됩니다. 꾸준히 공부하고 계속해서 자신을 성장시켜 나가는 사람으로 자랄 수 있도록 여러분이 제한을 거는 일이 없게 주의해 주세요.

Point 「이 정도면 OK!」라고 제한을 긋게 되면
아이의 성장에 제동이 걸린다.

「평범」해도 괜찮지만
「평범」해지는 것을 목표로 하지 마세요!

「아이가 평범해도 괜찮다」라며 아무런 계획 없이 자녀 교육을 했는데, 성적이 점점 떨어져 버렸다며 한탄하는 엄마가 있었습니다. 「상위」를 목표로 하는 아이 모두가 실제로 「상위」로 가지는 못합니다. 열심히 해도 「상위」에 도달하지 못하고 그보다 조금 떨어진 곳에 도달합니다. 그런 아이가 중간, 즉 「평범」한 아이라 할 수 있겠죠.

다시 말해, 처음부터 중간을 목표로 잡으면 중간보다 떨어질 가능성이 높습니다. 많은 엄마가 「우리 애는 딱 중간 정도니까 노력하면 올라갈 거야」라고 생각합니다. 혹은 엄마 자신도 학교에서 하라는 것만 했는데도 딱 중간은 되었으니, 아이도 그것으로 좋다고 생각할지도 모릅니다.

하지만 시대가 바뀌었습니다. 지금은 학교가 옛날처럼 철저하지 않습니다(가정에서 봐 주어야 하는 숙제의 양도 늘었습니다). 그러다 보니 <u>공부하는 아이와 공부하지 않는 아이의 차이가 옛날보다 훨씬 커졌습니다.</u> 이는 엄마들도 마찬가지입니다. 다양한 정보를 모으고 공부하며 열심인 엄마와 앞에서 언급한 엄마처럼 정보도 없고 아무런 계획도 없이 아이를 키우는 엄마와의 차이가 점점 벌어지고 있습니다.

물론 무엇이 「평범」인지는 살고 있는 지역, 다니고 있는 학교 등 상황에 따라 다릅니다. 하지만 적어도 여러분이 어렸을 때였던 20년 전과는 상당히 달라졌습니다. 「나는 이러했으니까…」라는 것은 아무런 근거도 될 수 없습니다.

공부도 마찬가지입니다. 매일 착실히 학교에 다니면 「평범」해질 것이라고 믿는 부모가 정말 많은데, 지금은 꼭 그렇다고 단언할 수 없는 시대임을 알아야 합니다. 그렇게 아무것도 하지 않고 학교만 다니다가 다른 아이와 차이가 벌어진 상황이 된 후에야 제게 상담하러 옵니다. 이런 아이들의 공통점은 공부습관이 몸에 배어 있지 않다는 것입니다.

요즘 학교에서는 숙제를 내주기도 하고 숙제를 내주지 않기도 합니다. 내준 숙제도 간단하거나 어렵거나 대중없습니다. 교사도 기복이 있는 것이 현실입니다. 그러므로「학교만 잘 다니면 괜찮다」라는 생각으로는「평범」도 어려울지 모릅니다.

초등학교는 웬만하면 선택이 힘들고, 더구나 교사를 선택하는 것은 불가능합니다. 안타깝지만 교사와의 소통이 잘 되지 않으면 학원이나 집에서 보완할 수밖에 없습니다. 학원에 보내기로 했다면, 아이가 어떤 문제를 안고 있는지, 학원 교사에게 귀뜸해 두세요. 그러면 부족한 부분을 신경 쓰며 가르쳐 줄 것입니다.

고등학교 입학 직전이 되어서야 "이대로는 대학 입시가 힘들어!" 하고 아이 교육에 뛰어드는 엄마가 많습니다. 「아이가 똑똑하면 좋겠어」「아이를 도쿄대에 보내고 싶어」까지는 아니어도, 「우리 아이는 평범해도 괜찮아」라고 생각해도 어느 정도는 엄마도 공부가 필요하다는 말입니다.

21세기는 학교만 착실히 다녀서는
「평범」해지기도 힘든 시대다.

집에서 공부를 가르치는
엄마의 든든한 아군

아이 학습을 향상시키는 데 학교 공부만으로는 부족한 것이 많은 시대입니다. 학교 공부 외에도 따로 또 공부를 시켜야 할 시대죠. 「아직 초등학생이고 저학년이니까」 하고 생각할지도 모르지만, 처음부터 발이 걸려 넘어지면 한참 뒤에 문제가 불거져 발목이 잡힙니다.

초등학교 6년이 무엇보다 중요합니다. 기초가 제대로 완성되어 있지 않은 상태로 그다음 단계인 응용만 배워서는 의미가 없기 때문입니다. 하지만 학원에 보내게 되면 돈이 듭니다. 형편이 넉넉하지 않은 가정도 있을 것입니다. 게다가 학원에 보내는 것이 꼭 최고라 단정할 수 없습니다. 어떤 아이는 학원이 맞지 않을 수도 있을 테니까요.

그렇다면 집에서 어떻게든 하는 수밖에 없습니다. 자기 혼자서 착실히 공부할 수 있는 아이라면 괜찮지만, 그런 아이는 드물겠죠? 아이 스스로 알아서 공부하기란 쉽지 않습니다. 그러니 엄마가 도와주어야 합니다. 집에서 아이 공부를 도와줄 때 우선 알아야 할 점이 있습니다. 절대로 자신의 방식을 강요하면 안 된다는 점입니다.

또 엄마가 아이의 현재 학년에 배워야 할 학습 내용을 전부 이해하는 것도 큰일입니다. 걱정하지 마세요. 시중에 학습 교재가 많이 나와 있으니 이를 활용하면 됩니다. 그러면 엄마도 편하고, 아이도 정확한 내용으로 배울 수 있으니 좋습니다.

집에서 아이 공부를 봐 줄 때에는 해답이 충실한 교재를 고르는 것이 좋습니다. 또 아이의 학습 수준에 맞는 교재를 고르는 것도 중요합니다. 교재가 너무 어려워 보이면 아이가 싫어할 테니까요.

해답은 아이가 읽고 저절로 이해할 수 있는 정도로 설명되어 있겠지만, 엄마도 이해할 수 있는 설명인지 직접 읽고 확인해 보아야 합니다. 왜냐하면 그 해답 및 해설을 엄마가 아이에게 읽어 주는 게 좋기 때문입니다. 답이 맞았으니까 됐다며 해설 보기를 건너뛰면 안 됩니다.

"초등학교 문제 정도야 해설 따위 안 봐도 다 알아!" 하고 자신할지도 모르지만, 아이에게 설명해 주려고 하면 마음처럼 쉽지 않을 거예요. 이때 해답지 해설이 유용합니다. 해답지 해설은 아이가 이해하기 쉽게 적혀 있으니까 꼭 참고하세요.

교재의 해설은 엄마를 위한 참고서라고 생각하면 좋습니다. 그러니 더 자세한 참고서를 찾는다는 마음으로 직접 서점에 가서 해설을 읽고 비교해 본 후 교재를 선택하세요. 다양한 교재가 있으니 아이와 함께 골라 보아도 좋을 거예요.

초등학교 문제여도 어려운 것이 꽤 있습니다. 산수 도형 문제 같은 경우, 공식을 모르면 풀 수 없습니다. 하지만 엄마에게는 해답이 있으니 걱정 마세요. 이렇게 생각하면 집에서 아이 공부를 봐 주는 데에 대한 부담이 조금 덜하지 않나요?

Point 해답지 해설만 있으면 아이의 어떤 질문도 두렵지 않을 것이다.

잠이 부족하면 공부를 해도
기억에 남지 않아요!

얼마 전, 제게 상담하러 오는 아이 중에 항상 「졸리다」라고 말하는 아이가 있었습니다. 어째서인지는 몰라도 아이는 항상 잠이 부족한 상태였습니다. 요즘 아이들은 충분한 수면을 취하지 않는 듯합니다. 수면 연구자의 조사에 따르면 일본에서 자정을 넘어 잠자리에 드는 아이가 4세에서는 20%, 15세에는 60~70%나 달한다고 합니다.

충분한 수면은 일상생활의 모든 활동에 없어서는 안 됩니다. 졸리면 공부할 의욕도 생기지 않고 마음이 답답해지거나 신경이 예민해집니다. 수면 부족은 학력 저하, 비만, 우울증 등의 원인이 되기도 합니다.

항상 「졸리다」라며 제게 찾아온 아이는 역시나 생활이 불규칙했고 그러다 보니 성적도 오르지 않고 운동도 잘 못했습니다. 원래 능력이 있는 아이라도 잠이 부족하면 본래의 행동력을 발휘하지 못합니다.

잠이 부족하면 마음 상태에도 영향을 미칩니다. 졸려서 긍정적인 마음 상태가 아니다 보니 부정적인 말을 내뱉게 됩니다. 될 대로 되라는 마음 상태라서 "하면 된다!"라는 긍정적인 말이 나오지 않는 것이죠. 반대로 "뭐, 어쩔 수 없지." 같이 포기하는 식의 말만 합니다. 어쩔 수 없어요. 왜냐하면 아이는 지금 너무 졸리거든요.

왜 잠이 부족해졌는지 그 이유를 살펴보면, 열이면 열 잠자리에 드는 시간이 늦습니다. 특히 밤늦게 게임을 하는 아이가 많습니다.

"모두 다 그러는 걸요."라면서 대수롭지 않게 여기고, 다른 이들은 「어느 정도 선에서 멈추고 제대로 공부도 하고 있다」라고는 생각조차 않습니다. 그러다 보니 「남들과 똑같이 한다고 하는데 점수가 안 나와. 역시 나는 안 돼」 하고 점점 부정적이 되어 버립니다.

오늘날의 세상은 국민 전체가 밤샘 생활을 하고 있다고 합니다.

밤늦게까지 일하는 엄마와 아빠도 많고, 24시간 영업하는 편의점이나 패밀리레스토랑 등 편리한 곳이 점차 늘어나는 것도 요인이겠죠.

하지만 아이의 몸은 이런 현대 사회의 시계에 맞춰지지 않았습니다(어른의 몸도 마찬가지이겠지만요). 초등학생 때에는 억지로라도 밤 10시 전에는 재우세요. 기억은 자는 동안 뇌에 정착된다고 합니다. 즉, 충분한 수면을 취하지 않으면 모처럼 공부한 것도 뇌에 남지 않게 됩니다. 그래서는 의미가 없잖아요?

잠은 생활에서 아주 중요한 요소이자 사람의 기본적인 욕구입니다. 잠이 부족하면 몸의 성장을 방해할 뿐만 아니라 정신적으로도, 능력 향상에도 일절 좋을 게 없습니다. 아이의 자신감을 키워 주는 데 중요한 요인이라는 것을 꼭 기억해 주세요.

Point **충분한 잠이 최고! 초등학생은**
밤 10시 전에 잠자리에 드는 것이 좋다.

졸린 아이에게 공부를 시켜도
소용없어요!

앞에서 밤늦게까지 게임을 하느라 잠이 부족해졌다는 아이에 대해 말했는데, 다른 경우도 있다는 것을 최근 알게 되었습니다. 저도 처음 들었을 때에는 귀를 의심했는데, "저녁 8시~9시부터 잠자리에 들면 안 돼!" "어서 일어나서 공부해!"라며 억지로 깨우는 부모가 있다는 것입니다. 이게 무슨 일이랍니까!

그렇게 해서 공부해 봤자 아무런 의미가 없습니다. 졸린데 공부 따위 될 리가 없습니다. 한다고 해도 머릿속에 들어오지 않을 거예요. "나는 그렇게 공부했다."라고 말하는 아빠가 있을지도 모르지만, 아이도 그렇게 할 수 있다고는 단정할 수 없습니다. 게다가 아빠가 잠을 자지 않고 공부했던 시기는 혹시 대학 입시 때가 아닌가요? 초등학생인 아이에게 잠을 자지 말고 공부하라고 하는 것은 잘못된 일입니다.

또 엄마가 밤늦게까지 집안일을 하는 탓에 아이도 늦게까지 깨어 있는 가정도 있을 것입니다. 특히 직장에 다니는 엄마라면 퇴근하고 나서부터 집안일을 할 수밖에 없을 테지요. 하지만 그렇다고 하더라도 아이를 재우고 나서 집안일을 하면 어떨까요?

별 생각 없이 생활하다 보니 가족 모두 「저녁형 인간」이 되어버린 가정도 있습니다. 「대부분 그렇지 않나?」 하고 생각할지도 모르지만, 가령 주변의 가정이 그렇다 하더라도 거기에 꼭 맞출 필요는 없습니다. 그보다는 아이의 건강이 더 중요합니다. 더욱이 공부하라며 아이를 밤늦게까지 공부시키는 것은 우선순위가 틀렸다고밖에 말할 수 없습니다. 그런 식으로 공부시키면 아이의 컨디션이 무너질 뿐입니다.

제가 이렇게 말하면, "일찍 자고 새벽 5시에 일어나서 공부해!"라고 말하는 엄마도 있습니다. 문제는 「아침형이냐 저녁형이냐」가 아닙니다. 그 생활이 아이에게 맞을지가 중요합니다. 졸리지도 않

은데 재우고, 억지로 아침 일찍 깨우는 것은 아이의 컨디션에 무리
가 갑니다. 그런 상태로 양질의 공부가 가능할 리 없습니다.

이런 점을 생각해 보지 않은 부모가 많아서 새삼 놀랐습니다.
공부를 열심히 한 부모일수록 아이에게 무리한 강요를 합니다. 어
쩌면 그것이 「노력」이라고 생각할지도 모릅니다. 하지만 그 노력은
다른 곳에 쏟는 게 좋습니다. 좀 더 편하고, 즐겁고, 효율적인 공부
법이 있습니다. 부모가 유별나게 통제하지 않는 편이 좋습니다. 만
약 아이가 스스로 아침 일찍 일어난다면 그때 자연스럽게 공부시
키면 됩니다.

다만, 중학생쯤 되면 아침 일찍 일어나는 것을 힘들어하는 아이
도 있습니다. 「나도 그랬다」라며 고개를 끄덕이는 사람이 많을 거
예요. 아이의 몸은 점점 성장하고 변화합니다. 그에 맞춰 적정 수면
시간, 기상시간, 취침 시간도 바뀝니다. 물론 체질에 따라 개인차
는 있을 것입니다.

어쨌든 아이 능력을 발전시키고 싶다면 억지로 밤늦게까지 공
부를 강요하는 일은 하지 마세요.

Point   **아이의 몸은 점점 성장하고 변화한다.**

아이 컨디션에 맞춰
그때그때 공부법을 살짝 바꿔 보세요

"그 유명한 ◯◯는 아침 일찍 일어나 공부해서 명문대에 합격했대."라는 이유로 아이에게 아침 공부를 시키는 엄마도 있을 것입니다. 하지만 중요한 것은 여러분의 아이에게 그 공부법이 맞느냐는 것입니다.

어떤 공부법, 학원, 교재 등으로 다른 사람이 성공했다고 해서 여러분의 아이도 똑같이 성공한다고는 할 수 없습니다. 같은 가족이라도 마찬가지입니다. 엄마, 아빠, 다른 형제의 공부법을 억지로 강요하지 마세요.

참고로 제가 대학 입시를 준비 하던 때에는 "6시간 잔 놈은 떨어진다. 5시간 자고 공부하지 않으면 실패한다."라는 게 정설이었습니다(저는 6시간도 부족했지만요). 그 방법이 정설이라 믿고 무리하게 밤샘이나 이른 기상을 아이에게 강요하면 어떻게 될까요? 분명 아이 몸이 따라주지 않아서 깨어 있는 동안 몽롱한 상태일 테죠.

"우리 아이는 아침잠이 없어서 괜찮아요."라고 말할지도 모릅니다. 엄마는 아이의 모든 것을 파악하고 있다고 여길지도 모르지만, 실제로는 학교나 학원에 가 있을 때의 모습은 전혀 모를 것입니다. 아이는 어쩌면 수업 중에 계속 졸고 있을 수도 있습니다.

초등학생 때에는 생활 리듬 정돈을 우선시하세요. 계획을 세워 공부하는 것은 좋지만, 계획뿐만 아니라 컨디션에 맞춰 임기응변으로 공부하는 것도 중요합니다. 아침형인지, 저녁형인지는 사람마다 다릅니다. 그러므로 자신은 어떠한 시간대에 공부하면 효율이 좋은지, 어떤 식으로 하면 공부가 수월한지를 아이가 깨닫게 해주세요. 자신의 생활 리듬을 알아두면 어른이 되고 나서도 도움이 됩니다.

공부란 자기 자신을 아는 것입니다. 타인이 말하는 대로 해서는 언제까지나 자기 자신을 알지 못합니다. 앞으로의 시대를 살아가려면 스스로 생각해 판단할 수 있는 사람이 되어야 합니다. 아이가 스스로 판단하는 힘이 싹트게 되면 능력이 비약적으로 성장합니다.

가령 아이가 지친 상태에서 무리하게 공부하려고 한다면, 엄마가 "오늘은 수학 말고 사회부터 할까?" 하고 조언해 주세요. 그러면 아이는 컨디션이 나쁠 때 무엇을 하면 좋은지를 배웁니다. 또 항상 똑같은 것을 하면 싫증이 나므로, "가끔은 이것을 하면 어떨까?" 하고 제시해 주는 것도 엄마밖에 못하는 일이에요. 익숙하고 친숙한 것이 좋은 경우도 있지만, 어린 아이는 적당하게 끝마치는 「꼼수」를 터득해 버려서 주의가 필요하거든요.

아이의 모습을 지켜보고, 컨디션에 맞춰 판단하면서 아이가 자신만의 공부 스타일을 발견할 수 있도록 도와주세요. 이때 애정이 담긴 시선으로 관찰하는 것이 중요합니다. 그렇기 때문에 이것은 부모(특히 엄마)밖에 할 수 없는 일이기도 합니다.

 Point **아이가 스스로 「자신만의 공부법」을 찾을 수 있도록 도와주자.**

아이가 「왜 공부 해야 해?」라는 질문을 한다면?

여러분은 어렸을 때 공부를 좋아했습니까? 「왜 공부를 해야 하지?」하고 푸념하지 않았나요? 아마 당신의 아이도 똑같은 생각을 할 거예요. 만약 아이에게 공부습관을 만들어 주고 싶다면 우선 왜 공부가 필요한지를 분명하게 가르쳐 주어야 합니다.

하지만 초등학생 아이에게 어려운 말로 설명하면 이해하지 못할 거예요. 그보다는 일상에 적용해서 설명해 주는 것이 좋습니다. "수학을 못하면 용돈으로 무엇을 살지 알 수 있어." "알칼리성과 산성을 모르고 샤워제품을 섞어 써서 죽은 사람이 있대!"라는 식으로 말입니다.

지금 아이가 공부하고 있는 것이 무엇과 연결되는지, 엄마가 늘 염두에 두고 있을 필요가 있습니다. 말만 들어서는 어떻게 해야 할지 엄두가 안 날 수 있습니다. 어렵게 생각 말고 일단 일상과 다양하게 접목해 생각해 보세요. 어떻게 하면 아이가 즐겁게 공부할 수 있을지 생각하면 여러 가지가 보일 거예요.

알칼리성과 산성 같은 것은 관련 뉴스가 있을 때 아무렇지 않은 척 말하면 효과적입니다. 그 자리에서는 아이가 이해하지 못해도 괜찮습니다. 다음에 학교에서 배웠을 때 「아! 엄마가 말했던 거다!」 하고 아는 날이 옵니다. 그러면 아무런 정보 없이 들었을 때에 비해 이해력이 완전히 달라지겠죠.

이런 식으로 「공부」라고 받아들이지 않는 이야기가 아이에게 더 잘 전달됩니다. 실제로 초등학교에서 배우는 것은 일상에 필요한 것입니다. 그러므로 「좋은 학교에 진학하기 위한 공부」가 아니라 「살아가는 힘을 익히기 위한 공부」라는 생각으로, 아이에게 공부해야 하는 이유를 말해 주세요.

엄마가 자신도 공부를 좋아하지 않았는데, 아이에게 "공부해!" 라고 무작정 강요하면 아이에게도 「공부는 싫은 것」이라는 생각이

전해집니다. 어떻게 하면 아이가 즐겁게 공부할 수 있을지 고민이라면, 우선 어떻게 하면 엄마 자신이 즐거운지 생각해 보세요. 그러면 쉽게 알 수 있습니다. 아이에게 공부습관이 생기려면 엄마가 세심하게 지켜볼 필요가 있는데, 이때 엄마도 즐기지 않으면 힘에 부칠 거예요.

또 엄마가 「공부 따위 의미가 없어」라고 생각한다면, 아이도 그렇게 생각하게 됩니다. 어떠한 일이 있어도 지금 아이가 공부하고 있는 내용을 부정해서는 안 됩니다. 만약 왜 그것을 공부할 필요가 있는지 모르겠다면, 지금껏 따져 보지 않았기 때문입니다. 그것을 배우는 데에는 반드시 의미가 있습니다.

"속담 따위 외워도 쓸모없어."라고 말하는 사람이 있습니다. 당신도 무의식중에 아이 앞에서 그렇게 말했을지도 모릅니다. 하지만 아이는 그런 발언을 모두 듣고 있으며 그 말을 머릿속에 담아두고 있습니다.

"공부하면 이런 것을 알 수 있으니까 재밌어." "세상에는 모르는 것이 아주 많구나!" "알아두면 분명 도움이 될 거야." 하고 평소에 공부해야 하는 이유를 말해 주세요. 공부는 「재미있고 도움이 되는 것」이라는 걸 부모가 알려 주어야 합니다.

살아가는 힘을 익히기 위해서
공부를 하는 것이라고 알려 준다.

12살까지 「살아가는 힘」을
길러 주세요!

여러분은 아이가 어떻게 자라길 바라나요? 장래에 어떠한 사람이 되고, 어떠한 인생을 살길 바라나요? 각자 바라는 모습이 다르겠지요. 그중에는 "건강하게만 자라면 좋겠어요!"라고 말하는 부모도 있습니다.

확실히 「열심히 공부해서 좋은 대학에 들어가기만 하면 좋은 회사에 취직해서 평생 안정된 생활을 사는 시대」는 끝났습니다. 「행복」의 형태도 다양화되고 있으며, 무엇이 「성공」인지도 지향하는 바에 따라 사람마다 다릅니다.

"건강하게만 자라면 좋겠어요!"라는 말도 충분히 이해가 가고, 그 말이 정답이라고도 생각합니다. 어떤 의미로는 부모의 궁극적인 바람이라고 말해도 좋을지 모르겠습니다.

어쩌면 부모 자신이 어렸을 때 "공부해!"라는 잔소리를 들으며 괴로웠던 기억이 있어서 아이에게는 억지로 공부시키고 싶지 않을지도 모릅니다. 치열한 입시 전쟁을 경험한 사람 중에는 그런 생각으로 아이를 키우는 경우도 적지 않을 거예요. 하지만 그렇다고 해서 어린 아이에게 아무것도 가르쳐 주지 않고 심하게 「방목」하는 것은 부모로서 무책임한 게 아닐까요?

저의 지인 중에도 "우리 아이는 공부 따위 못해도 건강하다면 그것으로 충분해!"라고 늘 말하며 아이에게 아무것도 시키지 않은 사람이 있습니다. 하지만 그 아이는 나이에 상응하는 어휘력이나 독해력을 갖추지 못해서 현재 특수 지도를 받고 있습니다.

아무리 건강해도 기본적인 읽기나 계산도 못한다면 평범한 생활조차 할 수 없습니다. 어떤 인생길을 걸어가든, 살아가는 데 필요한 기본을 알려 주는 것이 부모의 역할이 아닐까요? 「아이를 좋은 대학에 보내고 싶어!」라고 바라는 경우에도, 그전에 사람으로서의 기본을 익히는 것이 우선되어야 합니다.

저는 최소한 아이가 한글 쓰기, 읽기, 덧셈뺄셈을 능히 할 수 있게 될 때까지는 부모가 아이를 신경 써서 지켜봐야 한다고 생각합니다. 그리고 공부를 「습관화」할 필요가 있습니다. 초등학생 때 「공부습관」이 몸에 배면 그다음은 자연스레 유지됩니다. 그러면 더 이상 부모가 따로 「공부 좀 해!」라고 말할 필요가 없습니다.

언어가 제대로 몸에 배고, 생각하는 힘이 몸에 배면, 무엇을 원하는지, 어떻게 하고 싶은지를 스스로 깨닫는 아이가 됩니다.

Point 자신이 무엇을 원하는지 스스로 깨닫는 아이로 성장하려면 「공부습관」이 꼭 필요하다.

12살까지 「공부」가 습관이 되도록 하세요!

12살까지 공부습관이 몸에 배면 아이 인생에 아주 큰 변화를 불러옵니다. 바꿔 말하면 아이가 중학생이 되고 나서는 공부습관을 들이려고 해도 이미 늦다는 것입니다. 왜냐하면 중학생이 되고 나서는 아이가 사춘기·반항기에 접어들기 때문입니다. 그때부터는 부모가 하는 말 따위 듣지 않습니다. 그런 아이에게 공부습관을 만들어 주려면 부모로서도 엄청난 에너지가 소모되는 일입니다.

아이가 초등학생 때 엄마도 「언어습관」을 들이는 것이 좋습니다.

다시 말해 「○○해!」라고 말하지 않는 습관 말입니다. 「공부 좀 해!」 같은 엄마의 잔소리가 아이를 망치는 가장 큰 원인이니까요.

아이를 키우다 보면 아무리 조심한다고 해도 「○○해!」라고 말해 버리게 됩니다. 저도 완벽하게 지키지는 못했습니다. 아이가 어렸을 때에는 때때로 화도 냈습니다. 하지만 아이들이 중학생이 되고 나서는 「○○해!」라는 말을 거의 하지 않았습니다.

저의 전작을 읽고 어린 아이에게도 「○○해!」라는 말은 절대로 하면 안 된다고 생각하는 엄마가 있을 것입니다. 하지만 아이가 어리면 어쩔 수 없이 「○○해!」라고 말하는 경우가 있습니다. 그래도 괜찮습니다. 다만, 아이가 중학생이 되고 나서까지 「○○해!」라고 말하는 것은 안 됩니다. 그전까지 계속 「○○해!」라고 말해왔던 엄마가 아이가 중학생에 올라간 순간에 그것을 그만두는 것은 힘듭니다. 「아이가 12세가 되기 전까지 습관을 들이는 것」이 중요합니다.

「습관화」는 아이에게도, 엄마에게도 필요합니다. 아이는 12세까지 공부습관을 들이고, 엄마는 아이가 중학생이 되기 전까지 「○○해!」라고 말하지 않는 언어습관을 들여야 합니다. 습관화의 좋은 점은 힘이 들지 않는다는 것입니다. 공부, 노력, 끈기가 습관이 되면 아이도 편해지고 엄마도 편해집니다. 「○○해!」라는 말은 상당한 에너지가 소모됩니다.

또 엄마들 중에는 대학 입시만을 바라보는 사람도 있습니다. 대학에 합격하는 것만을 우선으로 생각해서 아이에게 공부습관을 만들어 주지 못한 것입니다. 공부습관이 몸에 배지 않은 아이는 당연히 입시가 끝나는 순간 아무것도 하지 않고 손을 놓게 됩니다.

하지만 공부는 평생 끝나지 않습니다. 사회인이 되어서도 공부는 필요합니다. 배우고 기억하지 않으면 안 되는 일은 입시 이후에도 많습니다. 가령 자격증을 따려면 일을 하면서 공부를 해야 합니다. 더 나이를 먹고 나서도 새로운 것을 배울 필요가 있습니다. 그렇지 않으면 점점 바뀌는 세상에서 도태되고 말 테니까요.

<u>사람은 계속 공부하지 않으면 안 됩니다.</u> 학교를 졸업하면 공부는 끝이라고 생각하는 사람도 있을 테지만 그렇지 않습니다. 모르는 것이 있으면 어른이라도 "그게 뭐야?" 하고 타인에게 묻거나 스스로 조사할 것입니다. 그것도 바로 공부하는 것이죠. 스스로 알아서 공부하는 습관을 초등학생 때 익혀두는 것이 중요합니다. 그것은 아이의 일생을 좌우할 정도로 인생의 저력이 됩니다.

Point **학교를 졸업한다고 공부가 끝나는 게 아니다.**

자신감 있는 엄마,
**자신감 있게
크는 아이**

2장

아이의 가능성을 찾아라!
: 「학원, 게임, 핸드폰, 친구」 관리 요령

「일단 시켜보는」 거라면
학원을 보내는 의미가 없어요!

"어떤 공부를 시키면 좋을까요?"라는 질문을 엄마들이 자주 합니다. 이 질문은 엄마들이 궁금해 하는 주제인 동시에 제가 하고 싶은 말이 아주 많은 주제이기도 합니다. 이렇게 말하는 이유는 솔직히 요즘에는 무턱대고 공부시키는 엄마가 너무 많다고 느꼈기 때문입니다.

아이에게 새로운 것을 시킬 때 가장 중요한 것은 「아이 본인이 하고 싶어 하는지」입니다. 하지만 그렇다고 해서 이것저것 모조리

시켜서는 안 됩니다. 「왜 그 공부를 시켜야 하는지」라는 부모의 목적이 꼭 필요합니다.

어느 남매의 이야기입니다. 초등학생 여동생은 저의 학습코칭을 받고 난 후에 영어 듣기와 독해 실력이 향상되었습니다. 한편 중학생 오빠는 빵점을 받은 적이 있을 정도로 영어 듣기를 못했습니다. 그래서 저는 처음에는 「여동생에게만 영어 공부를 시키고 오빠에게는 아무것도 시키지 않았구나」 하고 생각했습니다. 하지만 아니었습니다. 남매의 엄마가 "아들 영어 교육에 돈이 더 많이 들었어요."라고 말해서 놀랐거든요.

확실히 여자아이가 남자아이보다 「영어로 말하고 싶어!」라는 마음이 더 강하고, 여자아이에 비해 남자아이가 영어에 흥미를 덜 보이는 경향이 있습니다. 하지만 남녀 차이를 떠나서 결국 본인이 하고 싶다는 의지가 무엇보다 중요합니다. 의지가 없으면 애써서 영어 학원을 보내도 아무런 소용이 없습니다. 흥미가 없으니 어쩔 수가 없습니다. 흥미가 없는 아이에게 공부를 시키려면 얼마나 많은 돈이 들겠습니까.

흥미가 있으면 공부가 재미있어집니다. 흥미가 있다면 무엇을 배웠는지 엄마에게 이것저것 알려 주겠죠. 다른 사람에게 가르쳐 주려면 본인이 제대로 이해하고 있지 않으면 안 됩니다. 그래서 더

욱더 공부하게 되는 것이죠. 흥미를 갖고 공부한 아이는 부모가 지불한 돈 이상으로 배우게 됩니다.

다섯 살 정도의 아이에게 「영어회화를 시키고 싶다」는 엄마가 있었습니다. 하지만 「무엇을 시키고 싶은지」 구체적으로 물어보았더니 "생각해 보지 않았어요."라고 답했습니다.

「공부시키고 싶다」까지만 생각하고 「어느 정도 수준까지 공부시킬지」「그 공부를 통해 아이가 무엇을 얻었으면 하는지」와 같이 「무엇을 어떻게 시키고 싶은지」에 대해서는 구체적으로 생각하지 않습니다.

외국인 강사가 있는 학원에 수백만 원을 들여 공부시켰는데 「hello」라는 단어밖에 못 쓴다며 화내는 엄마가 있었습니다. 그런데 애초에 그 학원은 영어회화만 배우는 곳이었고 문장학습은 가르치지 않는 곳이었습니다. 「영어의 무엇을 공부시킬지」 생각하지 않고 「일단」 공부시키고 보는 데 급급하면 이런 결과를 맞이하기 십상입니다.

공부에는 시간과 돈이 듭니다. 공부 목적을 확실히 해야 해요. 「일단 공부시키고 보자」라는 생각은 의미가 없습니다.

아이가 「흥미」를 보이고
엄마가 「목적」을 확실히 가지고
시키는 공부가 베스트이다.

설령 아이가 원해도
빡빡한 스케줄은 안 돼요!

「일단 시키고 보자」라는 이유로 공부를 시키는 엄마는 혹시 「엄마 자신이 안심하기 위해서」 아이를 공부시키고 있는지도 모릅니다. 그런 이유로 시키는 공부는 아이를 위한 것이 아닙니다. 그런 상황이 계속되는 한, 아이는 공부 스케줄로 헉헉대다가 어느 순간에 뚝 하고 끊어질지도 모릅니다(실제로 그런 아이가 있었습니다).

시간이 없으면 여러 가지를 깊이 생각할 수 없게 됩니다. 그저 주어진 것만을 해낼 뿐인 나날이 계속되죠. 이런 생활은 어른에게

도 바람직하지 않습니다. 하물며 아이에게 이런 생활을 보내게 할
수는 없잖아요?

　시간에 쫓기는 생활 속에서 자란 아이는 조금 커서 여가 시간을
만들어 주어도, 스스로 새로운 학습을 찾아내거나 어떤 스케줄로
채우려고 합니다. 부모가 강요하는 것은 안 되더라도 아이가 하고
싶어 하니 괜찮지 않으냐고 반문할지도 모릅니다. **설령 아이가 하**
고 싶다고 말해도 너무 빡빡하게 스케줄을 세우지는 마세요.

　한 남자아이는 자신이 하고 싶다고 말해서 부모가 학원을 보내
줬다고 합니다. 그렇게 아이는 학원 스케줄로 빡빡한 나날을 보냈
는데, 중학교 입학을 코앞에 두고 문득 모든 게 죄다 싫어져서 전
부 그만둬 버렸다고 합니다. 운동도 안 하고, 공부도 안 하고 게임
삼매경에 빠졌다고 합니다. 초등학생 때에는 곧잘 하던 공부나 스
포츠에 대한 자신감도 고등학생이 되고 나서 사라졌고요. 알고 보
니, 모든 것을 그만둔 후에 생긴 자유시간이 너무나 기뻤다고 합니
다. 그건 아마도 그동안 너무 빡빡한 스케줄을 보냈던 반동이 아닐
까요.

　부모가 보기에는 「공부」에만 집중하면 되니까 어른보다 시간이
여유로워보일지도 모릅니다. 하지만 어른 못지않게 아이도 「시간
이 짧다」라고 느낄 수 있습니다. 아이는 성장이 빠르고 사물을 습

득하는 능력도 어른에 뒤처지지 않습니다. 무엇이 좋은지는 해보지 않으면 모릅니다. 그렇다고 해서 차례차례 새로운 것을 시키고 몇 종류의 학습을 매일, 그것도 하루에 두세 개씩 시키는 것은 아이에게 큰 부담을 줍니다.

아이에게 비어 있는 시간, 즉 자유시간을 만들어 주는 것은 매우 중요합니다. 그 시간은 아이가 생각할 수 있는 시간이자 무언가를 시도해 볼 수 있는 시간이 됩니다. 「일단 시키고 보자」 「시간을 놀리면 안 된다」라는 생각으로 빡빡한 스케줄을 짜면 아이의 시간이 허비될 뿐 아니라 아이를 피폐하게 만듭니다.

아이가 그 학원을 왜 다녀야 하는 걸까요? 모두가 하고 있으니까? 똑똑한 아이가 되길 바라니까? 혹시 타인의 의견에 휩쓸린 것은 아닐까요? 진정으로 여러분의 아이에게 그 학원을 보내야 할 목적이 있습니까? 한번 곰곰이 생각해 보세요.

Point 아이에게 있어 자유 시간은
생각할 수 있는 시간이다.

의외의 학원에서
아이의 미래를 만날 수도 있어요!

공부하는 것을 매우 좋아했던 딸에 비해 아들은 전혀 아무것도 하고 싶어 하지 않았습니다. "아무것도 안 할 거야?" 하고 물어도, 거실 소파 등받이에 지붕 위에 누워 있는 스누피처럼 척 기대고 누워서 "여유가 사라지는 게 싫어!"라고 말하며 상황을 끝내 버렸죠.

저는 아들도 딸처럼 무언가에 열중하기를 바랐습니다. 그래서 여러 가지를 시도해 보았지만, 본인이 하고 싶다고 해서 시켰는데도 결국은 자신과 맞지 않은지 얼마 안 가 그만두었습니다.

저는 정말 이대로 괜찮을지 걱정되어서 여러 사람의 이야기를 들어 보았습니다. 그중 한 명이 집 근처 음악학원을 소개해 주었습니다. 「우리 아들이 음악에 흥미가 있을 리가 없지」 하면서도 혹시나 싶어 물어보았는데, 웬일로 「가볼래!」라고 답하는 겁니다.

부모의 예상과는 전혀 다른 데에 아이가 흥미를 보이는 경우가 있습니다. 제 아들이 스스로 음악학원을 찾을 수는 없었을 거예요. 부모는 이런저런 정보를 찾아 아이가 흥미를 가질 만한 것과 만날 기회를 마련해 주어야 합니다. 그러려면 다양한 사람과 이야기를 나눌 필요가 있습니다.

아들은 그 음악학원을 다니면서 일본 전국에 개최된 콩쿠르에 참여하는 등 다양한 경험을 할 수 있었습니다. 게다가 그 음악학원에서 사귄 친구와 같은 학교에 가고 싶다면서 중학 입시 공부(일본은 입학시험을 치러 사립 중학교에 입학할 수 있음 - 역자주)를 열심히 하게 되었습니다. 그래서 학습학원도 다니게 되었고요.

아들이 그렇게까지 열중하리라고는 저도 기대하지 않았습니다. 처음에는 「무언가에 몰두하면 좋겠다」라고 생각했고, 음악학원에 다니기 시작하고 나서는 「다양한 경험을 해보면 좋겠다」라고 생각했습니다. 그런데 아이는 제 생각보다 더 많은 것을 해냈습니다.

초등학생 때의 추억이나 감동은 평생 남습니다. 어렸을 때 다양한 경험을 쌓을 수 있도록 해 주면 아이는 순수하게 감동을 얻습니다. 그것은 아이의 인생에 귀중한 보물이 됩니다. 무리하게 공부시키지 않아도, 가령 책을 읽는 것으로도 좋습니다. 실제로 저는 어렸을 때 읽은 책의 감동을 지금까지 기억합니다.

어쨌든 아이 본인이 하고 싶어 하지 않으면 억지로 시켜도 의미가 없습니다. 아이 본인이 흥미가 없는데도 계속 시킨다면, 아무리 귀중한 경험을 할 기회가 있다 해도 감동을 할 일도 평생 기억에 남는 일도 없을 거예요.

제 아이들은 좋아하는 것만 배웠지만, 아이들 중에는 자신이 무엇을 좋아하는지 모른 채 부모가 시키니까 무언가를 계속 배우는 경우도 있습니다. 하지만 아이가 크면 언젠가 「이건 아닌데」 싶은 순간이 옵니다. 중학생이나 고등학생이 되었을 때에야 악영향이 드러나는 경우도 있습니다. 아이가 아직 초등학생일 때 부모가 찾아 주세요. 아이가 좋아하고 몰두할 만한 것을 찾되, 결코 부모의 잣대로 판단하면 안 됩니다.

 Point **초등학생 때의 추억이나 감동은 평생 남는다.**

엄마의 목소리로
아이는 영어에 관심이 생겨요!

아이가 어렸을 때부터 영어 공부를 시키려는 엄마가 많습니다. 저는 초등학생부터 영어 책을 읽히는 학원을 운영하고 있어서 영어 학습 상담을 하러 오는 학부모를 평소에 자주 만납니다. 분명 현대는 글로벌화가 진행되어 있기 때문에 어렸을 때부터 영어회화를 공부하여 능숙하게 구사할 수 있으면 나중에 큰 도움이 될지도 모릅니다.

하지만 확실한 목적 없이 영어 공부를 시켜서는 의미가 없습니다. 「좋을 것 같다」 정도의 목적으로 영어 공부를 시켜서는 아이의 실력은 조금도 늘지 않을 거예요. 특히 영어는 어떤 수준까지 시킬 건지 부모가 확실히 생각해 두지 않으면, 전혀 목적과 다른 부분에 돈을 들이게 됩니다. 아이가 영어를 유창하게 말할 정도로 가르치고 싶다면 그에 걸맞은 학원에 보내야 합니다.

저는 초등학생 때에는 영어에 흥미를 붙이고 영어를 좋아하는 정도까지 가르쳐 주면 충분하다고 생각합니다. 사실 그 정도라면 집에서 엄마가 직접 아이에게 영어 동화책을 읽어 주는 정도로 해 줄 수 있습니다.

「나는 영어를 못해서…」라고 주저하는 엄마가 있을지도 모릅니다. 영어 발음이 조금 서툴러도 괜찮습니다. 엄마가 읽어 주었을 때의 장점은 아이의 페이스에 맞춰 줄 수 있다는 것입니다. 엄마가 읽어 주는 대신 영어 CD를 배경음악처럼 틀어 주면 도움이 안 됩니다. 아이가 신경 써서 듣지 않으면 의미가 없기 때문입니다. 엄마가 읽어 주면 아이는 귀 기울여 듣습니다. 아이가 흥미를 보이거나 좀 더 공부하고 싶어 하면 그때 아이와 함께 CD를 들으세요.

이런 방법으로 부모가 영어책을 읽어 준 한 남자아이는 카페에서 만난 외국인에게 누가 시키지도 않았는데 아이가 먼저 다가가 스스럼없이 말을 걸었다고 합니다. 영어에 흥미가 생겨서 말을 걸고 싶었던 것이죠. 그 남자아이처럼만 되면 부모로서 매우 기쁜 일일 거예요.

제가 사용하는 교재는 〈Oxford Reading Tree〉라는 영국 초등학교 교과서입니다. 영국 아이들이 모국어인 영어를 배우는 책으로 어른이 봐도 공부가 될 정도로 내용이 매우 훌륭합니다. 개인적으로 좋아하는 것은 〈I Can Read〉라는 시리즈인데, 이야기가 재미있어서 누구나 즐겁게 읽을 수 있을 것입니다. 두 교재 모두 인터넷서점이나 대형서점에서 살 수 있는데, 가능하면 CD를 함께 구입하면 좋습니다. 만약 아이가 흥미를 보인다면 영어듣기도 학습시킬 수 있을 테니까요.

다만, 무리하게 시키는 건 금물이에요. 유치원에 다니는 아이(만 3세)에게 무리하게 영어 듣기와 읽기를 시킨 엄마가 있었습니다. 그런데 아이가 영어 공부를 너무 하기 싫어해서 영어 선생님에게 상담했더니 모두 끊으라고 하면서, "집에 그림책 여러 권을 구비해두고 엄마가 종종 재미있게 읽어 보세요."라며 집에서 공부하는 방법을 권했다고 합니다. 방법을 바꿔 집에서 영어 공부를 하자 아이는 영어에 점점 흥미를 보였고, 몇 개월 후에는 아이가 직접 그림책을 들고 와서 엄마에게 "읽어줘!"라고 말했다고 합니다.

아이가 어리다면 영어 학원보다는
집에서 엄마가 영어 동화책을
읽어 주는 게 더 좋다.

지금 다니는 학원이
아이 미래에 도움이 될까요?

학원을 보내는 엄마들에게 "그 학원은 무엇 때문에 보내나요? 앞으로도 계속 시킬 건가요?"라고 물어보았을 때 대부분 "거기까지 생각해 보지 않았어요."라는 답이 돌아왔습니다. 어른이 되어서도 취미가 없는 사람이 많은데, 어렸을 때부터 무언가를 배워 두면 좋다는 데에는 동의합니다. 아이가 다양한 경험을 해볼 수 있게 이끌어 주면 좋을 거예요. 아이가 즐겁게 다양한 경험을 해보는 모습은 지켜보는 부모에게도 기쁨일 테니까요. 하지만 「그러면 좋겠다」

싶어도 좀처럼 부모의 바람대로 되지 않는 경우가 많습니다.

어렸을 때 배운 것을 어른이 되어서도 계속하는 것은 이상적이라고 생각합니다. 어렸을 때 배운 것을 토대로 다른 것을 배운다면 더할 나위 없이 좋겠죠. 물론 도중에 그만둬도 괜찮고, 어른이 되어서 새롭게 배워도 좋습니다.

안타까운 일이지만, 어른이 되어서 무언가를 배우기 시작한 사람은 어렸을 때부터 그것을 배운 사람을 당해낼 수 없습니다. 특히 운동이 그렇습니다. 아이와 함께 배우기 시작했어도 아이가 눈 깜짝할 사이에 엄마를 앞질러 나가버리죠. 어렸을 때 배운 것은 몸이 평생 기억합니다.

아이가 앞으로 살아갈 기나긴 인생을 생각하면, 몰두할 수 있는 취미가 있는 편이 훨씬 행복하지 않을까요? 그러니 아이에게 무언가를 시킬 때에는 장래를 바라보고 고려하는 것이 좋습니다.

장래를 바라보라는 말은 「그것으로 밥벌이를 할 수 있을지」 「전문가가 될 수 있을지」 같은 실용성만을 생각하라는 말이 아닙니다. 다양한 경험을 하면서 평생 가는 우정을 쌓을 수도 있고, 노력한다는 것이 무엇인지 깨달을 수도 있고, 성취감을 맛볼 수도 있죠. 이렇듯 여러 가지 이유로 아이의 장래를 바라볼 수 있습니다.

아이도 자신이 좋아하는 것에 몰두할 수 있는 시간이 있다면 행복할 것입니다. 그러면 자신이 좋아하는 것을 좇아 자신만의 세계를 넓힐 수 있을 거예요. 행복해하는 아이의 모습을 보면 부모 또한 덩달아 행복해질 것입니다.

아이는 당연히 세상에 대해 아직 잘 모릅니다. 시야를 넓혀 주기 위해 다양한 경험을 할 수 있도록 하는 것은 좋습니다. 하지만 닥치는 대로 숨 쉴 틈 없이 시켜서는 안 됩니다. 최종적으로 무엇을 선택할지는 아이에게 맡겨야 합니다.

"나는 이게 하고 싶었는데 엄마가 이것을 하라고 해서요."라는 말을 자주 들었습니다. 부모가 마음대로 시키지 말고 아이에게 선택권을 주세요. 스스로 선택한 길을 자신이 직접 걷는 것입니다. 이것이 바로 자신감으로 이어지는 작은 첫걸음이 아닐까요?

**부모 마음대로 시키지 말고
아이에게 선택권을 준다.**

게임이나 핸드폰 중독을 예방하려면
부모의 분별력이 필요해요!

21세기, 부모들 사이에 최고 고민거리가 등장했습니다. 바로 「게임이나 스마트폰에 대해 어떻게 관리해야 하느냐」입니다. 이 문제도 「정답」은 없습니다. 「스마트폰은 몇 살부터」라든지, 「게임은 하루 몇 시간」이라고 딱 잘라 말할 수 없습니다.

다만, 그만했으면 좋겠는데 아이가 말을 듣지 않는 경우라면 엄마의 마음가짐에 문제가 있다고 생각합니다. <u>바로 엄마가 규칙을 지키지 않는 것이 문제입니다.</u>

특히 몰수할 때의 규칙이 중요합니다. 예를 들어 "게임은 하루 1시간. 이를 어길 시 게임기를 버린다."라고 정했다고 합시다. 그런데 아이가 규칙을 어겨도 대부분의 부모가 게임기를 버리지 않습니다.

마음은 이해하지만, 그렇게 규칙을 소홀히 취급하는 것은 좋지 않습니다. 게임기를 버리기 아까우면 「버린다」라고 말하고 어딘가에 보내 버려도 좋습니다. 집 안에 숨겨두면 금방 들키기 때문에 아이가 규칙을 우습게 볼 수 있습니다. 제가 아는 어떤 가정에서는 아이의 만화책을 전부 택배박스에 싸서 친정에 보내 버렸다고 합니다. 버리지 못하겠다면 일단 어디로 보내든지 해서 집에서 없애세요.

아무리 꽁꽁 숨겨도 아이는 집념으로 찾아냅니다. 한밤중에 몰래 꺼내 읽고 다시 돌려놓을지도 모릅니다. "아무리 숨겨도 기어이 찾아내더라고요." 하고 한숨을 내쉬는 엄마를 자주 봅니다. 하지만 애초에 집 안에 두기 때문에 찾아내는 것입니다.

게임기이든, 스마트폰이든 숨기는 것은 너무 약합니다. 몰수를 확실히 하는 가정의 아이는 점점 학습 실력이 향상됩니다. 반대로 몰수를 적당히 하는 가정의 아이는 공부도 적당히 합니다.

게임이나 스마트폰을 어떻게 관리하는지는 부모의 각오가 필요

<u>합니다.</u> 그중에는 "창문으로 던져버리겠다." 같은 거짓말을 하는 부모도 있습니다. 처음에는 아이도 그 말을 믿습니다. 그런데 조금 시간이 지나서 "안 버렸잖아."라고 대꾸하고 말을 듣지 않습니다. 한 번 그렇게 규칙을 어기게 되면 아이가 얕보게 됩니다.

혹은 "약속을 지키지 않았으니까 압수야." 하고 스마트폰을 가져가려고 해도 아이는 "친구랑 연락해야 돼서 필요해!"라고 말하며 규칙을 지키지 않으려는 경우도 있습니다.

요즘에는 학교나 학원의 연락망으로 SNS를 이용하기 때문에 없으면 곤란한 것도 사실입니다. 하지만 이때 "상관없어." 하고 의연한 태도를 보이는 것이 중요합니다.

실제로 집 전화가 있으면 친구와의 연락도 문제없습니다. 연락할 수 있는 방법은 얼마든지 있으니까요. 머리를 써서 궁리해 보면 됩니다. 생각해 볼 기회이기도 합니다. 이 기회에 스마트폰이 없는 불편함을 알려 주어도 좋을 거예요.

꼭 필요하다면 "이제 규칙을 어기면 안 돼!" "집중해서 공부해." 하고 교섭을 해야 합니다. 이때 기준이 되어야 하는 것은 아이가 아닌 부모의 분별력입니다. 「버린다」라고 말했다면 정말로 버려야 합니다. 필요하다면 또 사주면 됩니다.

아이가 공부습관이 몸에 배지 않은 채로 자라는 것과 그 수십만

원의 물건 중 어느 쪽이 중요한가요? 부모의 물렁함을 아이에게 간파당하지는 않았나요?

Point

아이가 규칙을 어겼을 때
부모의 단호함이 더욱 필요하다.

「게임 너무 많이 하지 마!」라는
말은 해도 소용없어요!

　요즘은 초등학생도 스마트폰을 가지고 있는 아이가 많습니다. 저는 아이가 먼저 갖고 싶다고 말하지 않는 한 구태여 쥐어 줄 필요는 없다고 생각합니다. 바꿔 말하면 갖고 싶다고 말하면 깊이 생각해 보고 사주어도 괜찮습니다. 같은 반 친구가 전부 가지고 있는 상황에서 아이가 갖고 싶다고까지 말하는데 사주지 않기란 어려울 테니까요.

　다만, 아이가 요구하지도 않았는데 부모가 먼저 스마트폰 같이 게임이 가능한 물건을 선물하는 일은 주의해 주세요. **무엇 때문에 그 물건을 주는지, 꼭 주어야 하는지에 대해 깊이 생각해 보아야 합 니다.**

요즘은 친구들끼리 약속을 정해 인터넷상에서 만나 게임하는 일이 많습니다. 그렇지 않아도 게임에 열중해 있는데, 친구들과 함 께하면 더더욱 그만둘 수 없게 됩니다. 너무 깊이 빠지게 되면 자 칫 게임 「중독」이 될지도 모릅니다.

게임이나 스마트폰을 장시간 하게 되면 그만큼 공부할 시간이 줄어듭니다. 그뿐만 아니라 다른 아이가 공부하는 시간과 동일한 비율로 공부를 해도 평소 스마트폰만 쳐다보고 있는 아이는 성적 이 나빠진다는 연구 결과도 있습니다. 단순히 시간의 문제는 아니 라는 이야기입니다.

그렇다고 해도 **애초에 게임이라는 것은 몰두하게끔 만들어진 것 이므로 「빠지지 마!」라고 말해도 소용없습니다.** 어른도 게임에 빠지 는데 아이에게 빠지지 않기를 바라는 것은 말이 안 됩니다.

예를 들어 공부를 하고 나서 게임을 하면 게임에 몰두해서 결국 밤늦게까지 계속하게 됩니다. 그렇다고 공부하기 전에 게임을 하 게 하면, 어지간히 강한 의지력의 소유자가 아니고는 게임을 멈출 수 없을 것입니다.

그러므로 확실한 규칙을 정하고 이를 지킬 필요가 있습니다. 한 아이는 부모가 몇 번이나 스마트폰을 숨길 정도로 스마트폰 중독이었는데, 어느 날 친구에게 빌린 만화책을 읽고 나서부터 만화책에 빠져버렸다고 합니다. 앉은 자리에서 5~6시간이나 읽게 될 정도로 말입니다.

스마트폰이나 게임보다 만화책이 더 낫다고 생각합니다. 왜냐하면 만화책에는 「마침」이 있으니까요. 하지만 만화책도 역시 너무 빠지지 않는 게 좋습니다. 몇 시간 동안 계속 읽는 것은 좋지 않습니다. 어쨌든 그 아이는 만화책에 빠진 이후로 스마트폰을 하지 않게 되었다고 합니다.

또 게임을 하는 것보다는 차라리 TV를 보는 것이 낫다고 생각합니다. TV 또한 「마침」이 있으니까요. 게임은 몇 시간이나 할 수 있습니다. 스마트폰은 하나가 끝나도 다음으로, 또 다음으로 다운로드할 수 있는 편리한 세상입니다. 이에 비해서 TV는 몇 시간이나 볼 수 없습니다. 보는 동안 졸음이 오기도 하고, 애초에 초등학생 아이가 보고 싶어 하는 방송만 계속 방영될 리도 없으니까요(어린이 전문 채널이 있기는 하지만요).

게임이든, 스마트폰이든, 만화책이든, TV이든 그 자체가 나쁜 것은 아닙니다. 푹 빠져서 그것만 계속하는 것이 좋지 않은 것입니다. 이를 아이에게 확실히 알려 주고 제대로 규칙을 지키도록 가족끼리 함께 이야기해 보세요.

Point 게임, 스마트폰, 만화책, TV가 나쁜 게 아니다.
문제는 그것에 「중독」되는 것이다.

엄마도 아이가 하는
게임을 해보세요!

게임과 관련해서 고백하자면, 사실 저도 상당히 빠져 있는 편이라서 게임에 빠진 아이의 마음을 충분히 공감합니다. 정말로 몇 시간이나 할 수 있거든요.

「이제 진짜 그만해야지!」 하고 모든 애플리케이션을 삭제했지만, 3일도 안 가서 게임을 다운로드하고 마는…. 그런 일이 반복돼요. 부끄러운 이야기이지만, 심지어 아들이 "한심해보이니까 그만해."라고 말할 정도로 빠져 있어요.

어쩌면 엄마들 중에는 "게임 따위 해본 적도 없어요!"라고 말하는 사람도 있을지 몰라요. 하지만 대부분은 스마트폰 게임 정도라면 지하철 안에서 시간 때울 때 해보았을 거예요. 만약 정말로 한 번도 해본 적이 없는 사람은 해보는 것도 좋다고 생각합니다. 그러면 아이가 왜 게임에 빠지는지 조금은 알 수 있을 거예요.

지금은 게임의 종류도 다양하고, 역사, 지리, 경제 등 공부에 도움이 되는 게임도 꽤 있습니다. **실제로 아이가 어떤 게임을 하고 있는지 아는 것이 중요합니다.**

아이가 초등학생이라면 게임 프로그램이나 애플리케이션을 사주는 사람은 부모일 것입니다. 그렇다면 어떤 내용인지 알고 있어야 합니다. 만약 아이가 자신의 용돈으로 샀다면 더더욱 알고 있어야 합니다. 그것이 부모자식 간 대화의 소재가 되는 경우도 있습니다. 다만, 「부모도 빠졌으니까 아이도 빠져도 된다」라는 말은 아닙니다. 아이에게는 공부라는 중요한 「할 일」이 있고, 수면 부족이 될 수도 있으며 그밖에도 여러 가지로 악영향을 끼칠지도 모르기 때문입니다.

우리 집의 경우, 아이가 게임을 하고 있을 때 옆에 앉아서 "거기서 펀치를 날려야지!" "왜 점프를 안 한 거야?" 하고 이런저런 훈수를 두니까 아이가 질색을 하고 게임을 하지 않더군요. 의외로 효과적인 방법이었어요.

　다짜고짜 「안 돼!」라고 말하기보다 엄마가 아이를 이해해 준 후 규칙을 정할 때 아이가 훨씬 규칙을 잘 지킬 거예요.

　게임 이외에도 만화책, 만화영화 등이라도 마찬가지예요. 아이와 함께 취미를 갖는다는 마음가짐으로 즐기면 대화 소재도 늘어나서 아이와의 이야기가 끊이지 않을 거예요. 저는 저녁에 함께 만화영화를 보면서 저녁 준비를 하는 것이 일과였어요. 만화영화를 소재로 아이들과 함께 이러쿵저러쿵 이야기하다가 비슷한 소재의 이야기책을 함께 읽어 보자고 권하기도 했어요. 매우 즐거운 시간이었습니다.

　그 연장선상으로 우리 집은 소설이나 영화 이야기도 하게 되었습니다. 지금도 아이들과 만나면 "그 책 읽었어?" "그 영화 봤어?"라며 자연스레 그 주제로 이야기를 나눈답니다.

아이가 좋아하는 게임을 부모가 한번 해보면서 아이 마음을 이해해 보면 좋다.

Point

좀 더 앞을 내다보고
핸드폰을 사용해 보세요!

　버스나 지하철에서 어린 아이가 시끄럽게 떠들어 어르신이 그 엄마를 꾸짖는 일을 종종 목격합니다. 엄마가 아이를 조용히 시키려고 스마트폰을 쥐어 주면 이번에는 다른 어르신이 "그렇게 어렸을 때부터 스마트폰을 쥐어 주다니…." 하고 소곤거립니다.

　유아기에 스마트폰을 쥐어 주는 것에 대해서는 찬반양론이 치열하고 다양한 의견이 오가고 있습니다. 예시 속 엄마도 떠드는 아이에게 스마트폰을 쥐어 주면서도 「이래도 될까?」 하고 불안한 마음은 있었을 테죠. 스마트폰을 쥐어 주어야 조용해지는 아이 때문에 공공장소에서 어쩔 수 없이 아이 손에 스마트폰을 건네고 괴로워하는 엄마의 심정도 이해는 갑니다.

하지만 스쳐 지나가는 어르신에게 꾸짖음을 당한들 한순간일 뿐이잖아요? 저는 아이가 어르신에게 꾸짖음을 한 번 당하는 것보다 어렸을 때부터 스마트폰을 쥐어 주었을 때 아이의 미래에 미치는 영향이 더 걱정입니다.

어쩌면 그것을 계기로 아이가 평생 스마트폰 중독이 될지도 모릅니다. 아이의 장래를 생각해 보세요. 버스나 지하철에서 「일단 지금만 쥐어 주는 거니까 괜찮아」라고 생각하면 걷잡을 수 없는 일이 될 가능성도 있습니다.

실제로 제가 아는 정신과의사에게 하루 6~7시간이나 스마트폰을 손에서 놓지 않는 아이가 상담하러 왔다고 합니다. 「우리 애는 안 그래요」라고 생각할지 모르지만, 어떻게 될지는 아무도 모릅니다.

스마트폰이 나온 지 아직 20년 정도입니다. 어렸을 때부터 스마트폰을 쥐어 주는 것이 어른이 되고 나서 어떤 영향을 미치는지 아직 알 수 없는 부분이 많습니다. 그러나 틀림없이 어떠한 영향은 있습니다. 중독까지는 아니어도 수면 장애, 시력 저하, 소통 능력 저하 등 다양한 문제가 나타나고 있습니다.

육아가 어려운 것은 사실입니다. 충분히 이해합니다. 하지만 괴로워한 만큼 반드시 결과가 나오는 것이 육아입니다. 동시에 엄마가 편한 선택을 한 만큼 반드시 상응하는 결과가 나온다는 것을 기억하세요. 어렸을 때 스마트폰을 쥐어 주는 것은 아이가 스마트폰 중독이 되는 길로 부모가 인도하는 것과 같습니다.

아이가 스마트폰에 흥미를 보이는 이유는 부모가 계속 스마트폰을 보기 때문입니다. 아이는 엄마가 재미있게 들여다보고 있는 것을 자신도 보고 싶어 합니다(아이의 이런 경향을 부디 그림책이나 다른 것으로 돌려보기 바랍니다).

곧바로 인터넷 검색을 하는 부모의 아이는 기억력이 나빠진다는 말도 있습니다. 이는 아이뿐만 아니라 어른도 마찬가지라고 생각합니다. 「검색창에 입력하면 답이 나오는」 환경에 익숙해져버리면 뇌가 기억하는 작업을 하지 않습니다.

불과 몇 년 전만 해도 친구 집 전화번호를 외웠는데, 지금은 자신의 전화번호조차 외우지 못하는 사람이 늘고 있습니다. 기억할 필요가 없기 때문입니다. 하지만 그래서는 뇌의 작용이 점점 둔해지지 않을까요?

아이가 스마트폰에 흥미를 보이는 이유는
부모가 계속 스마트폰을 보기 때문이다.

아이 친구 관리에는
부모의 신념이 중요해요!

어느 날, 한 엄마에게서 "아이가 친하게 지내지 말았으면 하는 친구가 있는데 어떻게 하면 좋을까요?"라는 질문을 받은 적이 있습니다. 만약 자신의 아이가 무슨 일이 있어도 그 친구와 친하게 지내지 말길 바란다면 확실히 말로 전하는 것이 좋습니다.

<u>「모두와 사이좋게」라는 말처럼 이상적으로 살아갈 수 없는 것이 인간 사회입니다.</u> 이 점은 어른이 되고 나면 싫어도 실감하게 됩니다. 그런데 건전함만을 가르쳐 주면 아이는 오히려 살아가는 데 시

련을 겪을 거예요. 부모도 이상적인 말대로만 살지는 않았을 겁니다. 아이에게는 「모두와 사이좋게」라고 말하면서 엄마는 타인의 험담을 하는 등 부모의 속마음이 건전함과 다르다는 것을 알게 된다면 아이는 더 이상 부모를 믿지 않을 것입니다. 또 아이는 부모의 「싫은 부분」을 본 것 같아서 마음이 괴로워지죠.

세상의 일반 상식이나 건전함이 아니더라도, 부모로서 아이를 최우선으로 생각했을 때 「이런 사람과는 사귀면 안 돼」라는 확고함이 있다면 그것을 아이에게 제대로 알려 주세요. 말하자면 「가훈」처럼 가족 모두가 지켜야 한다고 확실히 이야기해 주면 좋습니다. **가장 좋지 않은 것은 부모가 말을 잇달아 바꾸는 것과 아이에게는 「안 돼!」라고 말하면서 부모는 그것을 지키지 않는 것입니다.**

아이에게 말할 때에는 「너를 위해서」라고 불분명하게 말하지 말고, 왜 친하게 지내지 말았으면 하는지 이유를 분명하게 설명해 주세요. 「그냥」 「좀 그래서」 같이 두루뭉술한 이유로는 아이가 납득하지 않을 거예요. 아이가 따라 주길 바란다면 부모의 확고한 신념대로 제대로 알려 주세요. 다만, "이런 사람과 친하게 지내라." 하고 제한을 말로 알려 주는 것은 좋지 않습니다. 직접 말하지 말고 행동으로 보여 주는 게 좋습니다. 엄마가 「좋다」 싶은 사람과 사귀면 아이들끼리도 사이좋게 지내게 됩니다.

아이의 친구관계는 매우 민감한 문제라서 주변에 상담할 만한 사람이 없어 고민하는 사람이 의외로 많습니다. 하지만 부모의 마음을 제대로 알려 주면 아이는 곰곰이 생각합니다. 일방적으로 밀어붙이듯이 이야기하면 안 되지만, 부모 뜻을 알려 주는 것은 중요합니다.

다만, 아이가 어리다면 친구 본인에게 부모가 한 이야기를 천진난만하게 그대로 전하는 경우도 있고, 친하게 지내지 말았으면 하는 이유를 이해하지 못하는 경우도 있습니다. 이때에는 지장이 없는(하지만 결코 거짓말은 아닌) 선에서 「다른」 이유를 찾으면 좋습니다. 예를 들어 "집이 멀어서 데려다주는 것이 어려우므로 놀러 갈 수 없다."라는 식으로 그 친구와 관련된 이유가 아니라 이쪽의 문제로 바꿔 말하는 것입니다.

가정의 방침이 올바른지 여부는 여기에서는 관계없습니다. 자신이 스스로 생각할 수 있는 아이라면 어른이 되고 나서 스스로 판단할 수 있을 거예요. 그보다는 부모로서의 확고한 신념인지 여부가 문제입니다.

아이의 친구관계에 개입할 때에는
부모로서의 확고한 신념이 있어야 한다.

자신감 있는 엄마, 자신감 있게 크는 아이

학교 이외의 장소에도
친구를 만들어 놓으세요!

초등학교 고학년 정도가 되면 아이가 가장 영향을 받는 사람은
「또래 친구」라고 합니다. 따돌림이 심각해지는 것도 이쯤부터입니
다. 그러므로 더더욱 학교 이외의 곳에 친구를 만들어 두는 것이
좋습니다.

따돌림을 받아서 괴로워하는 아이는 학교밖에 보지 않아 시야
가 좁을 가능성이 있습니다. 학원이나 취미활동 등 학교 이외의 곳
에 「도망갈 장소」를 만들어 두면 최악의 사태는 되지 않을 거예요.

이를 위해 학교뿐만 아니라 어린이가 참가할 수 있는 다양한 이벤트에 보내는 것도 좋습니다.

집 근처 학원이나 취미활동이 싫다면 일부러 먼 곳에 보내서 「세계는 여기뿐만이 아니다」라는 것을 아이에게 알려 주세요. 설령 학교에 사이좋은 친구가 없어도 자신이 즐거워지는 다른 세계가 있으면 아이의 자신감 형성에도 좋습니다.

이는 어른도 마찬가지입니다. 여러분도 취미나 교습소 등을 다니며 **「누구 엄마」 「누구 부인」이 아닌 장소를 만들어 두면 좋습니다.** 그런 장소가 있는 사람은 언제나 정신적으로도 안정되어 있습니다. 「내게는 여기밖에 없어」라는 마음에 쫓기지 않기 때문입니다. 다양한 세계를 만들어 두는 것이 중요합니다.

학부모 엄마끼리 너무 친해지지 않는 편이 아이에게 좋을 수 있습니다. 그러므로 조금 거리를 두고 사귀는 게 좋습니다. 학부모 친구는 귀중한 정보원이므로 전혀 교류를 하지 않으면 손해입니다. 하지만 너무 친해지면 두고두고 다투는 경우도 있습니다. 그렇게 되지 않도록 부디 여러분만의 「도망갈 장소」를 만들어 두세요.

학부모 친구는 어디까지나 학부모 친구로, 진짜 친구와는 다르다고 구분을 짓는 게 좋습니다. 자식들이 얽혀 있지 않은 편이 육아 상담을 할 때에도 편할 거예요. 실제로 저는 학부모 친구를 사권 적이 거의 없었는데, 다른 친구나 지인에게 상담하여 여러 가지 육아 고민을 해소할 수 있었습니다. 학교나 학원 등의 정보는 제가 직접 확실하게 정보망을 열어 두었고요.

아이는 타인과 비교당하는 것을 매우 싫어합니다. 이는 엄마도 마찬가지일 거예요. 아이뿐만 아니라 여러분도 타인과 비교하지 마세요. 비교를 해야겠다면 자기 자신과 비교하세요. 「어제의 자신과 오늘의 자신」을 비교하는 식으로 말이에요.

학부모 친구를 사귀면 옷이나 소지품 등도 「모두 이런 스타일이니까」라는 생각으로 고르기 십상인데, 「누가 뭐래도 나는 나」라고 굳게 마음먹는 게 좋습니다. 어려운 일일지도 모르지만, 좁은 세계(학부모 친구)뿐만 아니라 다양한 세계가 있다는 것을 엄마도, 아이도 알았으면 좋겠습니다.

울타리 너머를 바라보자.
세상은 넓고 다양한 사람이 존재한다.

자신감 있는 엄마,
**자신감 있게
크는 아이**

3장

아이의 잠재력을 키워라!

: 「가정, 육아」 규칙 요령

아이의 예절교육은
아빠와 엄마가 분담하세요!

옛날에는 아빠가 아이 교육에 참견하지 않는 가정이 많았습니다. 지금은 「아빠 육아」라는 말이 널리 쓰이는 것처럼 육아에 적극적으로 참가하는 아빠가 늘어나고 있습니다. 어느 쪽이 좋다 나쁘다 말할 수 없으며 중요한 것은 균형을 잘 잡는 것입니다.

아빠가 교육에 무관심해서 엄마에게 전부 맡겨 버리면 엄마가 폭주했을 때 막아줄 사람이 없습니다. 엄마가 아무리 폭발해도 아빠한테 가서 피할 수 있으면 아이는 안심하게 될 것입니다.

만약 아빠도 교육에 열심이라서 부모 모두가 이것저것 말하는 가정이라면 아이가 느끼는 중압감은 어마어마할 것입니다. 아이가 한 명이 아니라면 교육에 대한 관심이 분산될 테니 괜찮을지도 모릅니다. 하지만 요즘은 한 자녀 가정이 많아서 가령 형제자매에게 향했을 관심까지 모두 한 명에게 쏟아지게 됩니다. 이 점을 부모도 아이도 알지 못하는 것이 가장 문제입니다. 눈치챘을 때에는 이미 손쓸 수 없는 지경이 된 경우가 대부분입니다.

부모가 모두 「공부 좀 해!」라고 만 한다면 아이는 정말 힘들어집니다. 엄마만 말하는 상황이라면, 아이 스스로 강약을 조절해서 페이스를 유지할 텐데 아빠까지 그러면 그럴 수 없습니다.

"저는 아이한테 엄청 잔소리가 심한데 그럼 안 되겠죠?" 하고 걱정하는 아빠가 있었습니다. 자세히 들어 보니 식사예절에 대해 특히 잔소리가 심한 듯했습니다. 이런 경우에는 부부가 각자 역할 분담을 하면 좋습니다. 식사예절은 아빠만 주의를 주고 엄마는 아무 말도 하지 않는 식으로요. 반대로 엄마가 엄하게 주의를 주는 부분에 대해서는 아빠가 아무 말도 하지 않고요.

일반적으로는 엄마가 더 잔소리가 심할 것입니다. 10개월이나 제 뱃속에 품었고 배 아파 낳았으며 이후에도 24시간 계속 돌봤으니 그럴 수밖에 없죠. 또 아이와 지내는 시간도 아빠보다 엄마가 더 깁니다. 그러면 아무래도 엄마가 잔소리를 많이 하는 것도 어쩔 수 없는 일입니다. 그러므로 아빠는 가능한 한 잔소리를 하지 않는 것이 좋을지도 모릅니다.

아빠가 엄하게 주의를 준 일을 아이가 해냈다면 엄마가 칭찬해 주세요(사실 아빠가 직접 칭찬해 주는 게 가장 좋습니다). 아빠가 너무 엄하게 훈육하면 아이는 엄마와 결탁해 버리고 맙니다. 물론 그 반대도 있습니다.

가령 엄하게 주의를 주었더라도 해냈을 때 칭찬해 주면 아이도 항상 자신을 지켜보고 있다고 여겨 안심하면서 부모의 사랑을 느낍니다. 그리고 이는 아이의 자신감 형성으로 이어집니다. 부모가 모두 엄하면 아이를 궁지에 몰게 됩니다. 아무쪼록 역할 분담을 꼭 하길 바랍니다. 만약 한쪽이 아이에게 엄하다면 나머지 한쪽은 아이를 제대로 칭찬해 주세요.

Point 한쪽이 엄하게 주의를 준 일을 아이가 해냈다면 다른 한쪽은 칭찬해 준다.

부부가 서로 험담하지 마세요!
아이에게는 오아시스가 필요해요!

부부가 서로의 험담을 하지 않는 것도 아이와의 관계에서 매우 중요합니다. 부부지간에는 여러 일들이 있고 인간이니까 말실수를 할 때도 있습니다. 그것은 어쩔 수 없습니다. 그럴수록 아이 앞에서는 칭찬을 해야 합니다. 당사자(남편)가 없을 때 "아빠는 이런 면이 대단하지?" 하고 아이에게 말해 보면 어떨까요?

가족일수록 칭찬에 인색하기 쉬운데, 그러다 보니 아이 앞에서 험담만 하게 되고 그러면 아이는 「그럼 왜 결혼한 거야?」 하고 생각하게 될 거예요. 어린 아이인 경우, 같이 있는 시간이 적어서 아빠를 잘 모르는 경우도 있습니다(밤늦게까지 뭘 하는지 등). 그럴수록 "아빠는 열심히 일하고 있어."라고 말해 줄 필요가 있습니다. 「칭찬할 게 없는데…」라고 넘어가지 말고 신경 써서 찾아보세요. 아이를 위해서 말이에요.

그리고 아이를 꾸짖을 때 "어쩜! 아빠 나쁜 점만 똑 닮았니?" 같은 말은 절대 하지 마세요. 엄마에게 그런 말을 들은 아이는 자신의 존재의의를 알 수 없게 되어 버립니다.

<u>부부는 서로 다른 두 사람이지만, 아이에게는 둘이 하나로 연결되어 있습니다.</u> 아무리 남편이 미워도 아이와는 별개로 보아야 합니다. 친구들과 있을 때에는 남편 흉을 봐도 되지만 아이에게만은 말하지 마세요. 사실은 누구에게도 말하지 않는 것이 좋습니다. 왜냐하면 아이가 민감하게 눈치채는 경우도 있기 때문입니다. 그렇다고 해서 스트레스가 쌓일 정도로 꾹 참지는 말고 그럴 때에는 그냥 발산해 주세요. 그 편이 아이를 위해서도, 부부관계를 위해서도 좋을 거예요.

결코 거짓말을 지어낼 필요는 없습니다. 남편의 싫은 부분을 억지로 「좋다」고 말할 필요는 없습니다. "아빠의 이런 점은 좋지 않아. 어떻게 하면 좋을까?" 하고 아이에게 물어보는 것도 좋습니다.

일하는 엄마 중에는 할아버지 할머니에게 육아 도움을 받는 경우도 있습니다. 여러 가지로 고민하여 내린 결정이겠지만 저는 「조부모는 다정한 존재」로만 있는 게 좋다고 생각합니다.

「엄마가 무서울 때 달려가서 폭 안길 수 있는 존재」 「언제나 활짝 웃으면서 반겨주는 존재」 아이가 조부모를 그런 존재로 받아들이면 좋겠습니다. 그러므로 육아나 학습에 대해서는 할아버지 할머니가 참견하지 않으면 좋겠습니다. 여러 사람이 이러쿵저러쿵 말하면 아이는 혼란에 빠집니다. 만약 조부모와 부모가 모두 엄격한 말만 한다면 아이는 어떻게 될까요?

안심할 수 있는 오아시스 같은 장소가 아이에게 없다면 이는 걱정해야 할 일입니다. 부부관계도, 조부모와의 관계도 전부 「아이는 어떻게 생각할지」 「아이에게 어떤 영향을 끼칠지」와 같은 관점에서 생각해 주세요.

Point 부부는 서로 다른 두 사람이지만, 아이에게는 둘이 하나로 연결되어 있다.

아이가 둘이라면 무조건 맏이에게 신경을 쓰세요!

둘째아이가 태어나면 아무래도 엄마는 동생에게 더 손이 가기 마련입니다. 이제 혼자서 걸을 수 있는 아이와 아직 걸음마도 못 뗀 아이니까 그건 어쩔 수 없습니다. 그런데 이런 생활은 둘째 아이가 걸을 수 있게 되어도 쭉 계속됩니다.

첫째는 점점 성장하는데 둘째는 아직 어린 아이 같아서 둘째아이에게만 신경 쓰기 십상입니다. 더구나 주변 어른들도 둘째아이를 귀여워합니다. 할아버지, 할머니, 친척 아저씨, 친척 아주머니,

이웃, 부모의 지인들까지 모두 둘째를 더 주목합니다. 그럴수록 엄마는 모두의 시선이 떠나간 첫째아이를 생각해 주어야 해요.

형제자매 중 첫째아이는 동생이 생긴 시점에 이전까지 독점했던 부모의 애정을 빼앗겼다고 여깁니다. 그렇지 않다는 사실을 제대로 알려 주지 않아서 괴로워하는 아이가 많습니다. 둘째아이는 그런 형(오빠)이나 누나(언니)를 보고 자라서 대개 요령이 좋고 <u>어리광도 잘 부립니다. 더 작은 아이가 어리광을 부리면 어른은 그쪽에 반응하기 때문에 더더욱 첫째아이는 섭섭한 마음을 갖게 됩니다.</u> 관심을 끌고 싶어서 나쁜 짓을 하거나 「혼나도 좋으니까 엄마가 자신에게만 관심을 쏟으면 좋겠다」라는 마음 상태가 됩니다.

둘째아이는 가만히 놔두더라도 누군가 귀여워해줍니다. 애초에 돌봐주기 때문에 평소대로 해도 둘째아이에게 쏟는 시간이 더 깁니다. 그렇다고 노골적으로 첫째아이를 더 귀여워하는 것은 좋지 않습니다. 그러면 둘째아이가 점점 어리광이 심해져서 형제간 싸움의 원인이 됩니다.

둘째아이 모르게 첫째아이만 특별하게 대하는 방법을 궁리해 보세요. 둘째아이가 아직 아기일 때에는 괜찮지만 조금 커서 상황 인지를 할 수 있게 되면 둘째아이가 모르도록 주의해야 합니다. 예를 들어 <u>둘째아이가 없는 곳에서 꼭 안아 준다든지, 둘째아이가 잠</u>

들고 나서 첫째아이의 이야기를 들어 주는 겁니다. 첫째아이에게만 해 주는 작은 스킨십만으로도 아이는 엄마의 애정을 느낍니다.

이것은 결코 편애가 아닙니다. 첫째아이를 더 귀여워하라는 이야기도 아닙니다. 애정은 똑같을 것입니다. 다만, 마음씀씀이를 분배할 때 위와 아래를 바꾸는 게 좋다는 말입니다.

만약 형제 혹은 자매인 경우, 더욱 신경 쓰지 않으면 안 됩니다. 성별이 같으면 직접 비교가 가능하므로 저도 모르게 그 마음이 아이에게 전해지기 때문입니다. 애초에 맏이는 이전까지 100% 자신의 것이었던 부모를 빼앗겼으니까 그만큼 포용해 주지 않으면 안 됩니다.

**첫째아이에게만 해 주는 작은 스킨십만으로도
아이는 엄마의 애정을 느낀다.**

Point

어린 아이에게도
남녀 차이가 있어요!

　제 아이들은 딸과 아들이라서 잘 알고 있지만, 아직 어린 아이라도 분명 남녀 차이는 있습니다. 일반적으로 남자아이가 더 신경질적이고 자존심이 높습니다. 이는 아무리 나이가 어려도 그렇습니다. 「역시 남자구나」라는 생각이 듭니다. 반면 여자아이는 유들유들하다고 해야 할지, 당찬 아이가 많습니다.

　뇌과학 연구로도 남녀는 좋아하는 것이 다르다는 것이 밝혀졌습니다. 성격 이전에 뇌 구조상 그렇다는 것입니다. 하지만 그렇다고 해서 남자아이에게 로봇만, 여자아이에게 인형만 주는 것은 좋지 않습니다. 확실히 남녀 차이는 있지만 그것을 전제로 일방적으로 단정하지는 마세요. 남자아이에게도 여자아이에게도 똑같이 건네 보지 않으면 실제로 그 아이가 어떤 반응을 보일지 알 수 없기 때문입니다.

다만, 역시 반응이 다르다는 것은 미리 알아두세요. 이때 강요는 안 됩니다. 모든 남자아이가 블록을 좋아하는 것도 아니고, 모든 여자아이가 책을 좋아하는 것도 아닙니다.

엄마는 여자이므로, 대부분 딸에 대해서는 이해합니다. 하지만 아들에 대해서는 이해가 불가능한 부분도 아주 많을 거예요. 자신에게 남자 형제가 없다면, 그야말로 아들이 「미지의 생물」로 여겨질지도 모릅니다. 그때에는 아빠가 육아에 적극적으로 참가하는 것이 좋습니다.

한 엄마는 자신이 벌레를 싫어한다는 이유로 아이들에게 벌레 책을 보여 주지 않았습니다. 하지만 그 집은 아들 삼형제였습니다. 아들들은 벌레를 매우 좋아합니다. 벌레 책을 보여 주면 무섭게 집중합니다. 사례의 엄마처럼 자칫 자기 자신의 사고에 한정된 것밖에 주지 않고, 사고 범위 내에서만 행동할 수 있습니다. 아들을 키울 때에는 가능한 한 아빠의 의견을 들어 보세요.

그럼, 딸은 자신과 똑같은 여자니까 괜찮을까요? 그러면 세계가 좁아지게 됩니다. 특히 엄마와 딸, 아빠와 아들이라고 하면, 자신이 좋아했던 것만을 주기 쉽습니다. 아이가 그것을 좋아한다면 괜찮지만, 꼭 자신과 똑같이 흥미를 가지리라고 단정할 수는 없습니다. 흥미를 보이지 않는다면 다른 것을 건네 보세요.

그리고 무리하게 강요하지는 마세요. 장난감이나 책이라면 우선 집 안에 놓아두면 좋습니다. 그리고 때때로 "이건 어때?" 하고 물어보세요(이것도 몬테소리교육으로 실시하기 쉬운 방법입니다).

아이는 다른 사람이 하는 것을 보면 흥미를 보이거나 자신도 하고 싶다고 생각합니다. 아이가 책을 읽고 싶게 만들고 싶다면, 엄마가 책을 읽는 모습을 보여 주세요. 아이가 블록으로 놀기를 바란다면, 엄마가 블록놀이에 몰입하면 됩니다.

Point 확실히 남녀 차이는 있지만 그것을 전제로 일방적으로 단정하면 안 된다.

노는 것에 푹 빠져 있으면
정리정돈은 할 수 없어요!

아이는 반드시 어지르기 때문에 깔끔한 것을 좋아하는 엄마는 히스테리에 빠질지도 모릅니다. 아이가 놀이에 푹 빠지면 아무래도 주변이 어질러졌을 거예요. 왜냐하면 아이는 눈앞의 것에만 몰두하기 때문입니다. 소꿉장난에 몰두하거나, 로봇에 몰두하거나 말입니다. 그러다 보니 정리에 신경 쓰지 못해서 결국 주변이 어질러집니다.

그 시간은 아이가 집중하고 있는 귀중한 시간입니다. 몰두는 매우 효과적인 영재교육이기도 합니다. 엄마가 발끈해서 "치워! 정리 해!" 하고 말하는 것은, 모처럼 집중해 있는 시간을 방해하는 일입니다. 정리정돈은 놀이가 끝나고 나서 하세요.

최근, 정리정돈의 전문가라고 불리는 사람이 늘고 있습니다. 그런 사람 중 한 명에게 아이가 어지른 물건에 대해 물어본 적이 있습니다. 그러자 "아이의 정리정돈에 대해서는 포기하세요."라는 확실한 답을 돌려주었습니다.

아이는 어지르는 존재이므로 어쩔 수 없습니다. 제 아들도 기차 장난감을 정말 좋아했습니다. 자리도 차지하고 청소도 안 되어서 곤란한 적도 있었지만, 아들이 열중해서 놀고 있는 동안에는 묵묵히 기다렸습니다.

다만, 식사 후에 식기를 정리한다든지, 학교에서 돌아와 책가방을 정리한다든지, 공부책상을 깨끗이 정리하는 일은 다른 문제입니다. 이것은 확실하게 습관화해야 합니다. 정리정돈을 가르쳐 줄 때 「어떤 상황이라도 반드시 정리정돈을 해야 해」 하고 생각하는 엄마가 많은데, 「극단은 금물」입니다.

또 하나 중요한 점으로, 「아직 아이가 어리니까」 하고 아이에게 말도 없이 함부로 정리하지 마세요. 조립 모형 같은 것은 며칠 걸려서 대작을 만드는 경우도 있습니다. 그날 만든 것을 전부 부수고 정리하는 게 아니라, 어지른 것만 치우고 제작 중인 모형은 그냥 두세요. 엄마에게는 그것이 무엇인지 도대체 알 수 없더라도, 아이의 머릿속에서 그것은 「작품」일지도 모릅니다. 이를 멋대로 정리해 버리면 아이가 모처럼 발휘한 상상력이나 창작 욕구를 무너뜨리게 됩니다.

아이에게도 아이 나름의 생각이 있습니다. 그런데 이를 제멋대로 옮겨버리면 마음이 상할 것입니다. 더욱이 말도 없이 장난감을 버렸다가는 더 큰일입니다.

사실 저도 딸아이의 「실바니아 패밀리」를 더 이상 가지고 놀지 않기에 다른 사람에게 줘 버렸다가 엄청나게 혼난 적이 있습니다. 「가지고 놀지는 않았어도 내게 소중한 건데…」 하고 지금까지도 말합니다.

최근 「미니멀리스트」가 유행이어서 무엇이든 버리는 사람이 많은데, 아이의 물건은 결코 멋대로 버리지 마세요. 그중에는 「어째서 그런 것까지 간직할까?」 싶은 물건도 있습니다. 아이에게 확실히 물어보는 것이 중요합니다. 아주 소중히 여기는 것을 멋대로 버리게 되면 아이는 상당한 충격을 받게 되니 주의해 주세요.

정리정돈은 극단적이 아니라
융통성 있게 한다.

자신감 있는 엄마, 자신감 있게 크는 아이

아이가 규칙을 어겼을 때가
제대로 대화할 기회예요!

한 엄마에게서 들은 이야기입니다. 어느 날, 저녁 준비로 튀김을 튀기면서 "곧 밥 먹을 거니까 TV 끄자!" 하고 리모컨으로 TV를 껐다고 합니다. 그러자 다섯 살 아들이 부엌까지 와서 발로 툭 차고 주먹으로 콩 쳤다고 합니다.

튀김을 튀기고 있었으니 위험했겠죠? 화가 난 엄마는 엄청난 기세로 거실로 나가 TV 플러그를 확 뽑아버렸습니다. 아이는 그런 엄마를 보고 깜짝 놀라 굳어버렸다고 해요. 엄마는 그대로 TV는 없는 셈치고, 며칠간 일절 켜지 않았다고 합니다.

특히 요리를 할 때에는 발로 차거나 손으로 치는 것은 다치거나 화상 같은 대형 참사로 이어지기 쉬운, 매우 위험한 행위라는 것을 아이가 조금 무서워할 정도로 강력하게 가르쳐 주어야 합니다.

문제는 그다음이었습니다. 아이는 과도한 공포(!)로 「TV를 보고 싶다」는 말을 하지 못하는 것 같아서 엄마가 먼저 "슬슬 TV를 켜줄까?" 하고 말했다고 합니다. 그러면 모처럼 엄청난 기세를 보인 것도, 아이가 잔뜩 긴장해 버린 일도 전부 소용없어집니다.

게임기를 숨긴다든지, 스마트폰을 뺏을 때에도 얼마간의 시간이 지나서 「아이가 안쓰럽다」면서 게임기나 스마트폰을 돌려주는 엄마가 많습니다. 하지만 「안쓰럽게」 생각할 필요는 없습니다.

그보다는 <u>나쁜 짓을 했을 때, 규칙을 어겼을 때에는 아이와 교섭하는 기회라고 생각하세요.</u>

지금이야말로 「사람을 차거나 때리지 않기」「그것은 상당히 위험한 행동」이라는 것을 인식시키는 기회라고 생각하는 것입니다. TV를 보는 것은 정해진 시간 동안만 가능하며 그 규칙도 아이와 제대로 이야기를 나누어서 앞으로도 꼭 지킬 수 있도록 할 기회입니다.

이런 점을 부모와 자식 간에 착실히 이야기하려면 아이가 반성하거나 후회할 때가 가장 효과적입니다. 그렇지 않으면 아이는 듣지 않습니다. 아이에게 이야기하는 것은 타이밍이 중요합니다. 어떤 문제가 발생했을 때가 최고의 타이밍입니다.

그렇게 정한 규칙을 아이가 어길 시에는 절대로 유야무야 넘어가지 마세요. 「뭐, 됐어」는 절대로 안 됩니다. 기준이 흔들리면 안 됩니다. 한 번 그런 태도를 보이면 아이는 두 번 다시 규칙을 지키려 하지 않습니다. 서로 제대로 상의해서 정한 규칙이라면 「안쓰럽다」라고 생각할 필요도 없을 것입니다.

규칙을 지키는 것은 사회에서 살아가는 데 꼭 필요한 자세입니다. 만약 아이가 규칙을 지키지 않는다면, 그것은 엄마가 지키지 않았기 때문인지도 모릅니다. 그리고 엄마가 지키지 않는다면, 그 규칙은 의미가 없습니다.

규칙을 지키는 것은 사회에서 살아가는 데 꼭 필요한 자세이다.

엄마의 속마음을 아이에게
더 많이 전해 보세요!

게임이나 스마트폰 이용 규칙, 친구들과의 놀이방식, 공부 규칙 등 가정에서는 다양한 약속이 있을 것입니다. 어떤 규칙이든 아이가 그것을 지키길 바란다면 엄마가 먼저 실천해야 합니다. 그뿐만 아니라 왜 그것을 지켜야 하는지 제대로 설명해 주는 것이 중요합니다. 이를 소홀히 하는 엄마가 상당히 많습니다.

단순히 「규칙이니까」라고 말하면 아이가 순순히 말을 들을까요? 여러분이 어렸을 때를 생각해 보면 알 수 있듯이, 그 정도로는 납득하지 못할 거예요. 어른이라도 그 정도의 이유로는 따르지 않는 이도 있습니다.

만약 제대로 된 이유를 설명할 수 없다면 「규칙이니까」라고 말하기보다는 「엄마는 이렇게 생각하니까」라고 말하는 것이 좋습니다. "왜 통금시간을 지켜야 해?"라고 물으면 "엄마가 걱정되니까"라고 말하면 어떨까요? 그것이 진짜 속마음 아닐까요?

또 「왜 ○○하지 않으면 안 돼요?」라고 물어도 엄마의 생각을 말하면 됩니다. "원래 그래야 해." "세상에는…" 같이 번드르르한 말로 통제하려 하지 말고 **엄마 기준으로 의견을 말하는 편이 아이의 마음에 와닿을 거예요.** 아이와의 관계를 끈끈하게 유지하면 아이는 「엄마가 싫어하는 일은 하지 말자」 하고 생각할 것입니다.

육아로 고민하는 엄마 중에는 아이에게 자기 기준으로 생각을 전달하면 안 된다고 생각하는 사람이 많은데, 그런 사람은 아이를 혼낼 때 「이렇게 해」 「그건 안 돼!」라고 말합니다. 그것이야말로 자기 기준이며 가장 해서는 안 되는 「지배」입니다. 그런 사람은 자기 기준이라는 의미를 잘못 이해하고 있는 것입니다.

여러분이 생각하는 것 이상으로 부모의 마음은 아이에게 전달되지 않습니다. 아이를 소중히 여기는 마음조차 아이에게 전달되지 않는 경우도 있습니다. 사람은 한 번 이렇다고 박힌 생각은 좀처럼 깨뜨리지 못합니다. 여러분이 아무런 말을 하지 않아도 주변의 태도로 「나는 엄마아빠에게 미움받고 있어」 「나보다 동생을 더 좋아해」라는 생각이 박혀 버리면 아이는 어른이 되어서도 계속 그렇게 생각합니다.

저는 딸과 매우 사이가 좋고 종종 둘이서 쇼핑이나 여행을 했습니다. 하지만 딸이 유학간 곳에서 제가 다른 사람에게 "I'm proud of her(나는 그녀가 부럽다)."라고 하자 딸이 진심으로 놀라더군요. "정말 그렇게 생각해?"라고 묻는 딸에게 「어떻게 여긴다고 생각했기에…」 싶어서 솔직히 제 쪽이 더 충격이었습니다.

그 정도로 부모의 마음은 자식에게 전달되지 않습니다. 그러므로 때로는 엄마의 속마음을 말해 보는 것도 중요합니다.

 「규칙이니까」보다 「엄마는 이렇게 생각하니까」라고 말하는 것이 좋다.
Point

아이에게 정말 하고 싶은 말은
적절한 타이밍에 조용히 말하세요!

유감스럽게도 「부모의 마음이 아이에게는 전혀 전해지지 않는 경우」는 자주 있습니다. 그러므로 아이가 보는 세상과 부모가 보는 세상이 다르다는 것을 항상 염두에 두는 것이 중요합니다. 「아이는 어떻게 생각할까?」 같은 식으로 말입니다.

얼마 전 한 회사의 사장이 이제 서른다섯 살이 되는 아들에게 "아버지는 항상 화를 내십니다."라는 말을 들었다며 씁쓸해했습니다. 본인 말로는 「칭찬」을 했다는데 아들은 그렇게 받아들이지 않았다는 것입니다.

엄마들 중에도 아이에게 마구 쏘아대고 나서 나중에 돌이켜보지 않는 사람이 많지 않나요? 자신이 입 밖으로 꺼낸 말을 다시 생각해 보는 것은 중요합니다. 이때 「내가 아이라면 어떻게 생각할까?」 하고 접근하면 아이 관점에서 생각하는 습관이 몸에 밸 거예요. 그것이 아이를 이해하는 데, 그리고 아이에게 제대로 전달되는 대화방식이나 표현을 궁리하는 데 기본이 됩니다.

무엇보다 중요한 것은 말하는 타이밍입니다. 타이밍을 생각하지 않고 생각날 때 곧바로 말해 버리는 엄마가 많습니다. 보다 효과적으로 전달하기 위해서는 **아이가 받아들일 만한 타이밍을 살펴본 후 말하는 것이 좋습니다.**

인간은 사전에 말했어도 잘 모릅니다. 「위험하니까 조심해」라고 말했어도 역시 넘어지는 것이 인간입니다. 「넘어졌을 때 말해야 알아듣는」 경우도 있습니다. 즉, 넘어졌을 때야말로 「말해야 할 타이밍」이고 아이가 들을 준비가 된 타이밍이기도 합니다. "이런 장소는 위험하니까 다음부터는 조심해."라고 말하면 아이는 말 그대로 몸으로 기억합니다.

좋아하는 사람에게 고백할 때, 상사에게 의견을 타진할 때에도 타이밍이 중요하잖아요? 중요한 내용을 말할 때, 쉽게 꺼내기 어려운 내용을 말할 때에는 상대의 상태를 보고 타이밍을 도모할 것입니다. 그것과 마찬가지입니다. 육아에서도 「가장 효과적인 타이밍」을 기다리는 것이 중요합니다.

「아이니까 타이밍 따위 신경 쓰지 않아도 괜찮다」라고 생각하는 사람도 있을지 모릅니다. 그 반대입니다.

아이는 다른 것에 열중해 있을 때에는 무슨 말을 해도 전혀 귀담아 듣지 않습니다.

그러므로 꼭 들어주었으면 하는 말은 소리 높여 말하는 것보다 조용하게 말하는 것이 좋습니다. 쩌렁쩌렁한 목소리로 화내면서 말한다면 아이는 그저 그 시간이 빨리 지나가기만을 바라며 아무런 말도 듣지 않을 것입니다. 꼭 들어주었으면 하는 말일수록 조용하게 말해야 합니다. 그러면 아이도 경청합니다. 물론 부부도 마찬가지입니다.

조용하게 말하기 위해서는 아이가 차분하게 들을 태세가 되어야 합니다. 아이를 잘 관찰하고 타이밍을 파악하세요. **부모가 말하고 싶은 내용을 말하고 싶을 때 뱉어내면 아이는 결국 아무것도 듣지 않게 됩니다.**

육아에서도 「가장 효과적인 타이밍」을
기다리는 것이 중요하다.

아이가 이해할 수 있는 말투를
찾아보세요!

아이를 꾸짖을 때와 주의를 줄 때 「이래도 될까?」 「내가 훈육을 잘하고 있는 걸까?」라고 생각하는 엄마가 많을 거예요. 「이런 식으로 말해도 괜찮을까?」 「아이한테 이런 말을 해도 괜찮을까?」 하고 망설일 겁니다. 만약 그렇다면 한번 큰맘 먹고 질러 보세요. 시도해 보고 나서 아이의 반응을 볼 필요가 있습니다.

하지만 아이가 달라진 행동을 보이기까지는 시간이 걸립니다. 아이가 아직 어리다면 행동이 금방 달라질 테지만, 통상적으로 아이가 클수록 행동이 개선되는 데에 시간이 걸립니다. 엄마가 금방 포기해 버리지 않는 것이 핵심입니다. 아이의 행동 개선에는 부모의 인내가 필요합니다.

꾸짖을 때와 주의를 줄 때에는 아이에게 「샛길」이나 「도주로」를 만들어 주는 게 좋습니다. 100퍼센트로 딱 잘라 말하지 말라는 뜻입니다. 쪽문을 열어 두는 느낌으로 결정적인 표현은 하지 마세요. 「아이에게 반론당하면 안 돼」라고 생각하는 엄마도 많은데 오히려 그 반대입니다. 아무 말도 하지 못하면 아이가 궁지로 내몰려서 아무런 말도 하지 않게 됩니다. 그러므로 아이가 반론 가능하도록 여지를 남겨두세요.

그중에는 「아이를 말로 이겨 꼼짝달싹 못하게 하려는 건가?」 싶을 정도로 논리적으로 몰아세우는 엄마(아빠)가 있습니다. 하지만 이치를 한꺼번에 알려 준다고 해도 아이는 쉽게 이해하지 못합니다. 아이에게는 생각할 시간이 필요합니다. 좀 더 아이에게 여유를 주세요.

아이를 세심히 관찰하고 「이 이상으로 말하면 좋지 않겠어」 하고 이성적으로 판단해 보세요. 아이는 주의를 들어도 금방 달라지지 않습니다. 부모도 아이였을 때에는 그랬을 거예요. 하지만 그 사실을 잊어버린 부모가 많습니다. 어쨌든 지금 당장 바뀌어야만

할 일은 아닙니다.

또 사람마다 이해할 수 있는 정도는 다릅니다. 어른과 마찬가지로 아이가 이해하는 수준에도 한계가 있습니다. 그러므로 「이해하지 못한 것 같으니까 다른 방식으로 말해 보자」라고 생각하는 게 좋아요. "엄마가 몇 번이나 말했잖니!" 하고 화내는 대신에 말이에요.

정말로 전하고 싶다면 언성을 높이거나 호통을 치거나 위협해서는 안 됩니다. 그렇게 하면 아이가 이야기를 들을 준비가 될까요? 주눅 든 채로 그저 상황이 끝나기만을 기다릴 뿐입니다.

그중에는 어른한테도 절대 하지 않을 것 같은 말을 아이에게 퍼붓는 엄마도 있습니다. 만약 도저히 화를 참지 못하겠다면, 혼자서 분을 삭이지 못하겠다면, 우선 그 대처를 생각해야 합니다. 그렇지 않으면 엄마도 아이도 패배의 악순환에 빠져서 헤어 나오지 못할 거예요.

Point 정말로 전하고 싶다면 언성을 높이거나 호통을 치거나 위협해서는 안 된다.

자신감 있는 엄마,
**자신감 있게
크는 아이**

4장

쑥쑥 자라나는
아이의 자신감

도전하려는 마음이
자신감으로 이어져요!

「자신감」이란 무엇일까요? 저는 「도전해 보자라는 마음이 있는 것」이라고 생각합니다. 「나는 못해」 「어차피 안 돼」 하고 부정하는 게 아니라 「열심히 하면 어떻게든 될 거야」 하는 마음으로 무엇이든 과감하게 뛰어드는 자세 말입니다.

스스로에게 자신감이 없는 아이는 무엇이든 금방 포기해 버립니다. 공부를 할 때에도 「에잇, 몰라!」 하고 던져버립니다. 이는 자신의 가능성을 좁히는 자세입니다. 공부를 가르쳐 줄 때에도 우선은 부정적인 마음을 없애는 것부터 시작해야 합니다. 부정적인 마음이 커져 버리고 난 뒤에 이를 없애는 것은 매우 어렵습니다.

아이는 무엇이 됐든 끝까지 완수하게 되면 엄청난 자신감이 붙습니다. 하나를 달성하면 모든 면에서 성장하고 더 해보겠다는 마음이 생깁니다. 스스로 「못해」 하고 뛰어드는 것 자체를 거부하는 것은 능력이 아닌 정신의 문제입니다. 그래서 더 안타까운 것이죠.

엄마들 중에는 곧바로 DNA나 유전 탓을 하며 「내 아이니까 못하는 것도 어쩔 수 없지」 하고 말하는 사람도 있습니다. 하지만 정말로 아이의 능력을 100% 키워 주었나요? 어쩌면 「80% 정도로 괜찮아」 하고 생각하는 사람이 있을지도 모릅니다. 하지만 80% 노력을 쌓아 나가면 한없이 「0(영)」에 가까워집니다.

「0.8 0.8 0.8 0.8 0.8」 하고 80%를 5회 곱하면 벌써 약 0.3이 됩니다. 반대로 조금이라도 100%(라고 생각할 때)를 넘게 되면 가능성은 무한대로 늘어납니다. 똑같이 1.1을 5회 곱하면 무려 1.6 이상이 됩니다. 공부도 마찬가지입니다. 8할의 공부나 이해를 축적하면, 사실 점점 하락하고 있는 것입니다. 그것이 몇 년이나 계속되면 결과적으로 크게 달라지겠죠?

자신감이 없으면 공부를 할 마음이 들지 않습니다. 하지만 반대로 공부를 열심히 해서 축적해 나가면 대성공은 아니더라도 작은 성공을 조금씩 쌓아나갈 수 있을 것입니다. 그것이 아이의 자신감이 됩니다.

아이가 단숨에 성장하는 순간이 있습니다. 그것은 「재능이 꽃핀 것」이라기보다 **지금까지 축적해온 작은 성공과 거기에서 싹튼 작은 자신감이 큰 결과로 바뀌었기 때문입니다.** 그리고 그것은 작은 자신감에서 큰 자신감으로 바뀌는 순간이기도 합니다.

아이의 가능성을 높이는 것은 부모의 역할입니다. 무슨 일이든 도전할 수 있는 자신감을 부디 아이들에게 심어 주세요.

Point 작은 성공과 작은 자신감이 큰 결과로 바뀔 때
아이는 단숨에 성장한다.

자신감이 있는 부모와 아이가
세상을 환하게 밝혀요!

「사소한 데에 자신감을 보이는 아이」라고 하면 시건방진 아이를 상상할지도 모릅니다. 실제로 그중에는 「얄밉다」 싶은 아이도 있는데, 그런 아이의 대다수는 성공한 어른이 됩니다. 자신감이 있으면 뭐든지 해보자는 마음가짐이 갖추어져서 점점 도전하고 점점 성공하기 때문입니다. 자신감이 없는 아이는 스스로 무언가를 하려고 하지 않습니다.

공부에 대해서도 자신 있게 테스트에 임하는 것과 자신 없이 테스트에 임하는 것은 결과가 완전히 다를 것입니다. 나는 할 수 있다는 생각으로 공부하는 것과 나는 할 수 없다는 생각으로 공부하는 것은 습득 정도가 완전히 다를 테죠.

또 자신감이 없는 아이는 모르는 문제가 있어도 부끄러워서 물어보지 못합니다. 결국 「나는 못해」라고 내던지는 상황이 됩니다. 다른 사람에게 배우거나 도움을 받으려면 어느 정도 자신이 먼저 알릴 필요가 있습니다. 스스로에게 자신감이 없어서 알리지 못하면 배우는 것도 하지 못합니다.

자신감이 있는 사람은 어떤 곤란한 일이 생겼을 때 주변에 도움을 청할 수 있습니다. 사회에 나가 일할 때에도 의문점이 매일같이 나오는 방식으로 돌아가는 회사에서는 스스럼없이 도움을 청하는 태도가 매우 중요해집니다.

"나는 스스로에게 자신감을 품고 살고 있다!"라는 사람은 별로 없지만, 최소한의 자신감조차 없으면 애초에 집밖에 나가지 않습니다. "내 이야기 따위 누구도 들어주지 않아."라고 생각한다면 타인과 사귈 수 없습니다.

자신감이 있으면 「해보자」라는 마음이 들고 호기심이 왕성해집니다. 자신감이 없으면 「해보자」라는 마음이 들지 않고 호기심도 없습니다. 그러면 인생이 재미없을 테고, 그런 아이를 보는 부모

또한 인생이 재미없을 것입니다.

자신감이 있고 호기심이 왕성한 아이를 보고 있으면 부모에게도 자극이 되어서 인생이 덩달아 재미있어질 것입니다. 그리고 자신감이 있어서 무엇이든 스스로 해 나가는 아이가 되면 부모는 육아가 매우 편해집니다.

저는 「어떻게 해야 아이를 즐겁게 만들 수 있는지」를 항상 생각했습니다. 어떻게 하면 아이가 웃을지, 어떻게 하면 아이가 인생을 즐길지를 말입니다. 그것이 제가 육아의 진정한 목적으로 삼은 것이었습니다.

그 과정에서 「편히 재능을 발전시키면 좋겠다」라며 몰두한 것이 육아나 공부법에 대해 연구하게 된 계기입니다. 「능률이 좋고 효율이 좋으며 어떻게 남들보다 편하게 공부할 수 있을지」를 궁리한 것이죠.

왜냐하면 아이가 매일 즐기기를 바랐고 저 또한 육아를 즐기고 싶었기 때문입니다. 「항상 웃으면서 충실한 인생을 보내고 싶다」 「나도 그런 인생을 보내고 싶다」라고 바랐거든요.

아이를 필사적으로 키웠는데 아이가 자립하고 품을 떠나니 아무것도 남지 않아서 「내 인생은 도대체 뭐였을까?」라며 허무해하고 싶지는 않습니다.

자립한 아이에게서 자극을 받고 저의 인생을 즐기며 충실하게 보내는 관계를 아이와 쌓아나가고 싶습니다. 모든 부모자식이 이렇게 사이가 좋다면 좀 더 평화로운 세계가 되지 않을까요?

 「어떻게 해야 아이를 즐겁게 만들 수 있는지」를
Point 항상 생각한다.

이야기를 듣는 것이
최고의 애정표현이에요!

아이가 스스로에게 자신감을 갖기 위해서는 무엇보다도 「자기 긍정감(자존감)」이 필요합니다. 구체적으로 말하면 「나는 가치 있는 사람이다」 「나는 필요한 사람이다」 「나는 사랑받는 사람이다」라는 감정입니다. 이런 감정은 제일 먼저 부모가 심어 주지 않으면 안 됩니다. <u>아이를 사랑하는 마음을 제대로 표현해 주세요.</u>

스킨십을 포함해 다양한 애정표현이 있지만, 아이가 어느 정도 크면 <u>「이야기를 들어주는 것」</u>이 제일 좋은 애정표현이라고 생각합니다. 이는 「항상 지켜본다는 것」을 알려 주는 일이고, 엄마가 받는 입장이 되어서 아이의 이야기를 받아들이는 일이기도 합니다. 지금 아이에게는 가장 부족하다고 여겨질 정도로 아이의 이야기를 듣지 않는 엄마가 많습니다.

아이는 기본적으로 이야기를 하고 싶어 합니다. 그런데 엄마가 이야기를 들어주지 않으면 「나는 쓸모없는 사람이다」라고 생각하고 맙니다. 예를 들어 여러분이 꼭 하고 싶은 말이 있어서 여러 사람에게 전화를 했는데, 하나같이 "지금 바빠서 나중에 들어줄게."라며 들어주지 않는다면 엄청나게 의기소침해지지 않을까요?

확실히 엄마는 바빠서 좀처럼 아이의 이야기를 차분하게 들어줄 수 없을지도 모릅니다. 하지만 정말 바쁠 때에도 제대로 아이의 눈을 마주하고 "지금은 엄마가 바빠."라고 말해 주세요. 그리고 "나중에 꼭 이야기하자." 혹은 "주말에 꼭 들어줄게."와 같이 약속을 정하세요(물론 지킬 수 있는 약속이 아니면 의미가 없습니다).

어린 아이라도 눈앞에서 문이 닫히면 더 이상 가고 싶어지지 않을 거예요. 그리고 점점 이야기하고 싶은 마음이 줄어들 거예요. 모처럼 이야기해도 엄마에게서는 잔소리밖에 돌아오지 않으면 더욱더 이야기하고 싶지 않겠죠.

「아이니까 상처받지 않을 거야」라고 생각하는 사람이 있을지도 모르지만, 그것은 오히려 반대입니다. 아이에게는 「어른의 사정」 따위 모르기 때문에 전부 「내가 나빠서」 「내 탓」이라고 생각합니다. 「엄마는 내 이야기에 흥미가 없어」 「엄마는 내 이야기 따위 듣고 싶어 하지 않아」라고 여기는 것이죠.

물론 아이도 이야기하고 싶지 않은 때는 있습니다. 하지만 아이에게 「네가 이야기하고 싶을 때 엄마는 언제든지 들어주고 받아준다」라는 자세를 보여 주는 것이 중요합니다. 그러면 아이는 엄마에게 사랑받고 있음을 느끼게 되어 스스로에게 자신감을 품게 될 것입니다.

애정이란 강요하는 것이 아닙니다. 강요하면 도망갑니다. 「언제나 여기 있어」라는 자세로 기다려 주세요.

**아이의 자기긍정감을 높여 주고 싶다면
아이에게 사랑하는 마음을 제대로 표현하자.**

Point

좋은 자세는
자신감을 기르는 지름길이에요!

제1장에서 소개한 수면 부족과 마찬가지로 최근, 자세가 나쁜 아이가 많아진 것 같습니다. 학교에서 제대로 바른 자세를 지도하지 않는 것도 자세가 나쁜 아이가 늘어난 원인 중 하나입니다. 체벌 문제로 교사가 엄한 지도를 할 수 없게 되었습니다. 수업 중에 바른 자세를 강요하지 않는 점도 관계가 있을 거예요. 즉, 의식하지 않고 평소처럼 생활하면 자세가 나빠진다고 보면 됩니다. 그러므로 엄마가 신경 써서 고쳐 주지 않으면 안 됩니다.

「공부해서 어깨가 뻐근해졌다」라고 말하는 아이가 있었습니다. 그 아이는 아직 초등학생이었습니다. 중학생이나 고등학생 중에는 그런 말을 하는 아이가 더 많습니다.

얼마 전, 제가 도움을 받고 있는 「자세 크리에이터」 하나오카 마사타카(花岡正敬)에게 나쁜 자세가 미치는 영향에 대해 배웠습니다 (하나오카 마사타카는 리오 패럴림픽 일본대표 트레이너이자 유도 접골사, 물리치료사입니다).

계속 같은 자세로 공부하면 몸에 무게가 실립니다. 등을 굽고 있다거나 팔꿈치를 괸다든지 발을 꼰다든지 하면 자세가 틀어지고 연필을 쥐고 있는 손 쪽으로 몸이 기우는 경우도 있습니다.

나쁜 자세가 오래 지속되면 머리 무게로 혈압이 나빠지거나 어깨나 허리에 통증이 생깁니다. 그밖에도 호흡이 나빠진다든지 내장 기능이 나빠진다든지 자율신경계 기능이 무너질 수 있습니다. 그러면 두통이 끊이질 않는다든지 구토감이 인다든지 잠이 안 온다든지 같은 증상이 나타납니다.

물론 나쁜 자세가 계속되면 체형도 틀어집니다. 그중에는 몸이 기울어져서 자전거를 굴렸을 때 정면이 아닌 왼쪽으로 가는 아이도 있습니다. 체형 문제뿐만 아니라 자신감에도 영향을 미칩니다. 등을 곧게 펴고 자세가 좋은 사람은 자신감이 있어 보입니다. 반대로 고양이처럼 등이 굽고 왜소한 사람은 아무래도 자신감이 없어 보입니다.

실제로는 아닌 경우도 있겠지만, 인상이 그러면 상대가 그런 사람이라 여기며 대할 것입니다. 자세가 좋은 사람에게는 어쩐지 존경하는 마음이 생기고 자세가 나쁜 사람에게는 어쩐지 깔보는 마음이 생기지 않나요?

<u>자세로 자신감의 유무가 판단됩니다.</u> 「등을 곧게 펴는 자세」만으로도 자신의 내면에서 자연스레 자신감이 나와서 외면으로도 자신감이 있어 보입니다.

이와 같이 자세는 신체뿐만 아니라 심리에 미치는 영향도 큽니다. 이는 아이뿐만 아니라 엄마도 주의 깊게 새기길 바라는 점입니다. 자세는 자신감 형성으로도 연결됩니다. 하나오카는 틀어진 자세를 개선해 주고, 공부나 업무를 할 때 할 수 있는 스트레칭을 알려 주었습니다. 아이와 엄마가 함께 따라 해보기 바랍니다.

Point 자신감 있어 보이는 자세,
자신감 없어 보이는 자세가 있다.

{ 공부 짬짬 스트레칭 }

굽은 등 개선 스트레칭

① 등을 둥글게 하고 의자 끝에 앉는다.

② 가슴을 열고 2~3회 호흡한다.

굽은 등 개선 스트레칭

머리를 뒤로 젖히고 등 뒤로 손을 잡고 가슴을 연다.

좌우 틀어짐 개선 스트레칭

한쪽 팔을 들어서 옆구리를 늘려 주듯이 반대쪽으로 넘긴다.

(오른손잡이인 사람은 오른쪽 겨드랑이가 줄어들기 쉬우므로 오른팔을 든다.)

자세 유지를 위한 복식호흡

① 숨을 들이마셔서 배를 부풀린다.

② 머리를 들어 올리면서 숨을 내뱉고 배, 엉덩이, 안쪽 허벅지를 오므린다.

자신감이
세상을 살아가는 힘이 돼요!

계속 「○○해라」라고 말하면 시키는 대로밖에 못하는 아이가 됩니다. 아주 조금이라도 적응력이 필요한 문제가 생기면 그 순간 어떻게 해야 할지 몰라 당황합니다. 왜냐하면 「스스로 생각」하는 게 습관화 되지 않았기 때문입니다. 엄마들 중에도 다른 사람이 「좋다」라고 말한 것을 곧바로 받아들이거나 누군가가 성공했다는 방법을 따라하거나 스스로 깊이 생각하지 않는 이가 많습니다.

하지만 <u>지금의 아이들은 변화가 큰 시대에 태어나 앞으로도 점</u>

점 변화하는 사회 속에서 살아가야 합니다. 어제까지 「최고」라고 여겨지던 것이 내일에는 「최악」이 되어 있을지도 모릅니다. 그런 시대에 사는 아이들에게는 아무것도 생각하지 않고 다른 사람이 시키는 것만을 하는 게 아니라 「지금은 무엇이 베스트인지」 「자신에게는 무엇이 가장 걸맞은지」 그것을 발견하는 힘을 익힐 필요가 있습니다.

자신의 머리로 생각하고 스스로 선택하는 힘이 없으면 변화가 극심한 시대 속에서 어떻게 살아가야 할지 알 수 없을 것입니다. 스스로 생각하는 힘이란 이런 시대를 살아가기 위해 없어서는 안 되는, 인생의 기초가 되는 힘입니다.

더욱이 앞으로 인공지능(AI)이 발전하는 사회에서 스스로 생각하는 힘이 없으면 새로운 것을 발상하지 못하고 활약 가능한 자리를 찾을 수 없을 것입니다. 새로운 발상을 하려면 역시 자신감이 필요합니다. 자신감이 없으면 새로운 것에 도전하지 못하고 여러 가지 시도도 할 수 없기 때문입니다.

자신감은 「실패를 두려워하지 않는 것」이기도 합니다. 흔히 이야기하듯이 실패도 공부입니다. 가령 실패했다고 해도 그것은 귀중한 경험이 됩니다. 자신에게는 맞지 않는다는 것을 알고 자신에게는 무엇이 맞을지 발견하는 계기가 되기 때문입니다.

해보지 않으면 가능한지 불가능한지, 맞는지 맞지 않는지 알 수 없습니다. 그러므로 「해보았는데 실패했다」라는 것이 사실은 실패가 아닙니다. 그만둬 버리니까 실패하는 것이며 해보고 나서 안 되면 다음에 도전하면 됩니다. 시도는 무엇이든 의미가 있습니다. 그렇게 생각하면 실패 따위 없습니다.

실패를 두려워하지 말고 새로운 것에 도전하고 자신의 머리로 생각할 수 있는 아이로 키우는 것이 바로 아이의 「살아가는 힘」을 키우는 것입니다. 가령 지금 여러분(엄마)이 사라져도 혼자서 살아갈 수 있는 아이로 키우는 것이기도 합니다.

뭐든지 해 준다든지, 모든 것을 결정해 주면 부모가 없을 때 살아가지 못하는 아이로 키우게 됩니다. 통상적인 경우 자식보다 부모 쪽이 먼저 죽습니다. 그러므로 혼자서 제대로 살아가는 아이로 키워야 합니다. 혼자서 살아가려면 역시 자신감이 필요합니다. 곤경에 처했을 때 누군가에게 도움을 청하는 것도, 바깥 세상에 발을 내딛는 것도 자신감이 없으면 쉽지 않습니다.

부모 마음으로는 다른 것은 차치하고라도 아이가 자신이 없어도 잘 살아가는 것이 중요할 것입니다. 이를 위해 아이에게 「살아가는 힘」을 만들어 주기로 굳게 마음먹고 아이에게 「스스로 생각하는 힘」을 길러 줄 수 있는 육아에 힘써 주세요.

자신감이 없으면 새로운 것에
도전하지 못하고
여러 가지 시도도 할 수 없다.

결코 아이를 「지배」하지 마세요!
단, 가야 할 방향은 잡아 주세요!

「아이의 장래를 위해 무엇을 해 주면 좋을까?」 「아이 재능을 발전시키려면 어떻게 하면 좋을까?」 세상 엄마들의 공통된 고민일 것입니다. 「이런 사람으로 크면 좋겠어」 「장래에 이렇게 되면 좋겠어」라는 생각은 있어도 이를 위해 어떻게 하면 좋을지 모르겠고, 잘할 수 있을지 자신이 없는 것도 압니다. 생각과는 정반대로, 잘못된 방향으로 아이가 커버릴 때까지 말리는 사람이 아무도 없는 것도 사실입니다.

육아에 「정답」은 없으니까 모두 감에 의지해서 할 수밖에 없습니다. 하지만 단 한 가지, 절대로 해서는 안 되는 것이 있습니다. 바로 아이를 「지배」하는 것입니다.

아이에게 있어서 가장 좋은 공부법이나 학원을 찾아 주라고 앞에서 말했는데, 이는 「우리 아이에게는 이것이 좋다」라고 엄마가 정하라는 뜻이 아닙니다. 하물며 그것을 아이에게 강요해서는 더더욱 안 됩니다.

"엄마는 네가 분명 이걸 좋아할 거라고 생각해."라는 엄마의 말에 항상 순순히 따른 여자아이가 있었습니다. 공부도, 진학하는 고교도 전부 엄마의 의견대로 결정했죠.

하지만 그 고교(여고였습니다)가 도저히 아이와 맞지 않았고 중학교 때 우수했던 아이가 고교 시험에서는 20점이나 10점밖에 받지 못했습니다. 그 아이는 상담 교사에게서 "이건 네 생각이니?" "엄마 생각이 아닐까?" "너는 어떻게 생각해?"라는 질문을 받고 나서야 처음으로 엄마의 생각과 자신의 생각과는 차이가 있다는 것을 알게 되었습니다.

여러분은 아이를 「자신이 무엇을 하고 싶은지」 「무엇을 좋아하는지」 「어디로 가고 싶어 하는지」 등에 대해 아무것도 생각할 수 없는 사람으로 키우고 싶지는 않을 거예요. **아이에게 「생각하는 힘」을**

만들어 주려면 부모가 「지배」해서는 안 됩니다. 아이를 위해서 한 일이라는 것은 잘 알고 있습니다. 하지만 모든 것을 부모가 결정하고 부모가 말하는 대로 하게 만드는 것은 결국 아이의 장래를 위한 일이 아닙니다.

그렇다고 해서 완전히 아이의 판단에만 맡기는 것도 좋지 않습니다. 왜냐하면 아이는 「지금」밖에 생각하지 않기 때문입니다. 아이에게 선택하게 하면 「지금 하고 싶은 것」 「지금 재미있는 것」 「지금 당장 하기 쉬운 것」을 선택합니다. 게다가 아이는 가지고 있는 정보도 적고 세상을 잘 모릅니다. 장래의 일을 생각해서 아이를 「지도」하는 것이 중요합니다.

저는 제 아이들의 능력을 최대한으로 키워서 좋은 대학에 들어가면 좋겠다는 바람을 가지고 있었지만, 그것을 강요하지는 않았습니다.

다만, 아이가 「장래에 이것을 하고 싶어」 「이렇게 되고 싶어」 하고 말했을 때 "그러면 영어를 잘해야겠네."라고 말하는 식으로 정보를 알려 주고 꿈을 이루는 데 도움을 주었습니다.

지배하는 것과 지도하는 것은 비슷한 듯 보여도 전혀 다릅니다. 가장 중요한 점은 최후 선택은 아이에게 맡기는 것입니다. 그리고 아이가 무엇을 고르든 부모는 그 선택을 존중해야 합니다.

결코 아이가 「부모에게 지배되고 있다」라고 여기지 않도록, 아이의 미래를 위해, 아이가 최선의 선택을 할 수 있도록 능숙히 이끌어 주어야 합니다. 그것이 부모의 역할입니다.

부모는 아이를 「지배」하는 것이 아니라 「지도」해야 한다.

아이에게 효과가 있는 마법의 말!
「엄마는 이것을 좋아해!」

사람은 선택지가 많으면 선택하지 못합니다. 이는 실험으로 증명되었는데, 24종의 잼을 나란히 진열했을 때와 6종의 잼만 진열했을 때, 6종류를 진열했을 때가 10배나 더 팔렸다고 합니다.

어른도 선택이 어려운데, 선택하는 기준이 적은 아이라면 더욱 선택이 어려울 것입니다. 게다가 아이는 「지금」밖에 생각하지 않으므로 「장래를 위한 선택」이란 것은 상당한 고난도입니다.

그러므로 부모가 선택지를 솎아 준다든지, 아이가 선택할 수 있도록 기준을 만들어 준다든지, 다른 선택지를 제시해 줄 필요가 있습니다. 어디에서부터 시작하면 좋은지 요령을 알려 주는 것입니다.

이때 부모로서 「이것을 선택하면 좋겠다」 싶은 것을 알려 주는 것이 나쁘다고는 생각하지 않습니다. 직접적으로 전달하는 것도 하나의 방법이지만 자연스럽게 흥미를 가지도록 이끌어 주는 것이 가장 좋습니다.

다만, 이때 어떻게 말하느냐가 중요합니다. "너한테는 이게 좋아."라고 말하는 것은 절대로 안 됩니다. 그러면 부모가 아이를 지배하는 것입니다. 「너를 위해서」라든지 「네 장래를 생각해서」라는 단어도 좋지 않습니다. 결국, 이런 "형식적인" 이유로 「이렇게 해라」라는 명령(지배)을 속이는 것뿐입니다.

게다가 「너를 위해서」라는 말은 어쩐지 생색을 부리는 것 같지 않나요? 그런 말보다는 단순하게 "엄마는 이것이 좋아"라고 알려 주는 게 좋습니다. "엄마는 피아노를 좋아했어."라든지 "엄마는 이 교재가 좋았어."라든지 말이에요.

아이는 엄마가 좋아한 것에는 흥미를 보일 것입니다. 그 호기심이 아이의 의욕을 자극하거나 재능을 발전시키는 계기가 됩니다. 물론 흥미를 보이지 않는 경우도 있고, 해보고 나서 "역시 안 할래."라고 말하는 경우도 있습니다. 변덕쟁이나 게으를 뿐이라면 안 되지만, 그것이 아이의 본심이라면 진심으로 들어주세요.

아이 스스로 「자신이 무엇을 좋아하는지」「무엇을 잘하는지」를 찾아 나가는 것이 중요합니다. 그것이 자신의 머리로 생각해서 선택하는 것의 첫걸음이기 때문입니다. 아무리 곧바로 발견하지 못해도 그것을 「생각하는」 것이 무엇보다도 중요합니다.

또 하나 해서는 안 되는 말이 "이걸 해 주면 엄마가 참 좋겠어." 라는 식의 말입니다. 이는 「엄마의 애정은 조건이 붙는다」라는 뜻이 됩니다. 아이는 그런 미묘한 뉘앙스를 놓치지 않습니다.

엄마의 애정은 무조건이어야 합니다. 아이가 당신이 바라는 선택지를 선택하지 않아도 그것을 존중하고 받아들인다면 아이는 그 애정을 충분히 느낄 수 있을 것입니다.

Point **아이 스스로 「자신이 무엇을 좋아하고 잘하는지」를 찾아 나가는 것이 중요하다.**

매일 나누는 대화가
아이의 미래를 만들어요!

아이의 능력을 키워 줄 찬스는 매일같이 있습니다. 매일 나누는 대화, 평상시 나누는 소소한 수다가 전부 아이의 시야를 넓혀주는 계기가 됩니다.

중요한 것은 상상하게 만드는 것입니다. 그것도 다양한 것을 상상하도록 해야 합니다. 하나뿐이라면 한 가지 선택지밖에 보이지 않으므로 아이가 스스로 생각하는 힘을 키우는 데 도움이 되지 않습니다.

예를 들어 가족끼리 영화를 볼 때 "영화의 자막은 어떻게 만들까?" 같은 이야기를 하면 아이는 번역가라는 직업이 있다는 것을 알게 됩니다. 거기에서부터 영어나 번역에 흥미를 가질지도 모릅니다.

집에서 형사 드라마를 보면서 "경찰 아저씨 대단하지?" 하고 말해 보면 아이는 경찰이라는 직업에 대해서 이런저런 상상을 하게 될 거예요. 혹은 드라마의 배우가 되어서 형사를 연기하는 것을 상상할지도 모릅니다.

영어에 흥미를 가졌으면 한다든지, 경찰관이 되면 좋겠다든지 같은 바람이 있어서 말하는 것이 아닙니다. 다만, 아이가 그것에 대해서 스스로 생각해 본다면 그것으로 충분합니다.

우리 집에서는 자주 뉴스를 화제로 아이와 대화를 나누었는데, 어려운 이야기는 아니었습니다.

"저런 짓을 하는 사람도 있구나."

"어떤 기분이었을까?"

"왜 저런 일을 저질렀을까?"

이와 같이 제가 먼저 중얼거려 보는 것입니다. 그것만으로도 아이가 생각할 수 있는 계기가 되고 대화가 풍부해집니다.

이런 일상 속에서 아이들은 다양하게 상상할 수 있고, 그렇게 대화했던 덕분에 저는 아이들이 좋아하는 것이나 장래의 꿈에 대해서 구체적으로 알 수 있었습니다. **매일 나누는 대화가 아이의 미래를 구체적으로 만들어 나갑니다.** 대화의 주제로는 아이가 관심을 가지고 있고 부모와 풍부한 대화를 나눌 수 있는 것이라면 무엇이든 좋습니다.

그렇다고 해서 무리하게 "이것에 대해 이야기 나누자!"라고 대화를 유도할 필요는 없습니다. 너무 어렵게 생각하지 말고 일상 대화로 자연스럽게 아이의 상상의 폭을 넓혀 나가는 계기를 건네주는 것뿐입니다. 가령 엄마가 말하는 것, 중얼거리는 것에 대한 대꾸가 없어도 아이는 머릿속에서 이런저런 생각을 하고 있을지도 모릅니다.

기본적으로 아이는 모르는 것에 흥미를 갖습니다. 그러므로 「이런 일이 있더라」 「이런 것도 있더라」 하고 보여 주는 것으로도 충분합니다. 그렇게 함으로써 아이 스스로 자신의 머리로 생각하고 스스로 선택할 수 있게 됩니다.

평소에 많은 대화를 나누고 아이를 깊이 이해하면, 가령 당신이 희망과는 다른 선택을 아이가 했다고 해도 순순히 받아들일 수 있을 것입니다. 어째서 아이가 그것을 골랐는지 잘 알고 있을 테니 말입니다.

아이가 자신이 바라던 길을 가지 않아서 한탄하는 부모는 그저
아이와의 대화가 적었던 것이 원인일지도 모릅니다.

 Point **매일 나누는 대화가 아이의 미래를
구체적으로 만들어 나간다.**

아이 키우기는 「극단적으로」 하지 말고 「적당히」 하세요!

육아에서 가장 어려운 점은 「어느 한쪽에 너무 치우치면 안 된다」라는 점입니다. 그런데 요즘에는 이 점을 모르는 엄마가 너무 많은 것 같습니다.

앞에서 엄마는 좀 더 정보를 모아야 한다고 서술했는데, 그중에는 정보만 잔뜩 모으는 엄마도 있습니다. 아이의 공부법 관련 책을 닥치는 대로 읽거나 TV나 인터넷에서 「성공한 사람의 공부법」을 발견하면 즉각 체크한다든지 하는 것이죠.

하지만 그렇게 해서 모은 정보를 제대로 활용하는가 하면 그렇지 못한 경우가 많습니다. 결국 어떻게 하면 좋을지 몰라서 우선 전부 시켜보아 오히려 아이의 의욕을 꺾어 버리고 맙니다.

그런가 하면, 아이를 사립 중학교에 보내고 싶어 하면서도 입학시험 직전이 되어서야 정보가 너무 부족해 곤란해 하는 엄마도 있습니다. 연말쯤 되어 발등에 불이 떨어지고 나서야 여기저기 상담하러 가고 "이런 것도 있는 줄 몰랐어요." 하고 놀랍니다. 하지만 지금은 인터넷에서 조금만 조사하면 대부분의 정보를 찾을 수 있습니다. 엄마가 정보에 부족한 것은 정보를 모으려고 하지 않았기 때문이죠.

혹은 "아이에게 가장 적합한 공부법을 찾지 않으면 안 돼." 하고 온갖 공부법을 아이에게 시도해 보는 엄마도 있을지 모릅니다(이런 일은 하지 마세요).

또 제가 "아이에게는 규칙적인 생활이 필요하다."라고 하면, "그럼 일찍 자고 일찍 일어나자!" 하고 말하는 엄마도 있습니다. 확실히 아이가 어렸을 때에는 일찍 자고 일찍 일어나는 것이 좋지만, 중학생이 되면 꼭 그렇지도 않습니다. 그것은 아이의 몸이 성장해서 변화하기 때문입니다. 그런데도 "규칙적인 생활이 좋으니까!"라는 이유로 중고생이 되었는데도 무리하게 일찍 자고 일찍 일어나도록 하는 것입니다.

어느 쪽이든 극단적인 방향으로 치닫는 엄마가 많습니다. 한 가지 방향으로만 돌진하면 다른 방향을 생각하지 않아도 되니까 편할지도 모릅니다.

육아에서는 「적당히」가 중요합니다. 그러므로 육아가 어려운 것입니다. 아이를 위한 것에 집중하다 보니 「좀 더 좋은 것」 혹은 「완벽한 것」 등으로 방향을 정해 돌진하는 것일지도 모릅니다. 하지만 이런 식으로는 결국 아이를 위한 것이 되지 않습니다.

「○○해라」라고 말해서 강요하는 것이 아니라 아이가 스스로 해 나갈 수 있도록 하는 것이 목적입니다. 이를 위해서는 적당한 곳을 보고 아이가 즐겁게 점점 성장할 수 있도록 도와주며 이끌어 나가는 것이 중요합니다.

매사에 진지하면 되는 것도, 올바른 것만 말하면 되는 것도 아닙니다. 육아는 「적당히」 해야 합니다. 이는 어렵지만 매우 중요한 점입니다.

육아는 어느 한쪽에
너무 치우치면 안 된다.

자신감 있는 엄마,
**자신감 있게
크는 아이**

5장

아이를 성장시키는
엄마의 자신감

아이가 「공부 좀 해!」보다
더 싫어하는 엄마의 말!

첫 책인 『12살까지 공부 버릇 들이는 엄마의 습관』에서 저는 「공부 좀 해」가 아이의 의욕을 꺾는 최강의 말이라고 했습니다.

책이 출간된 후 평소 공부를 가르치고 있는 아이들에게 「부모에게 들은 말 중에서 가장 싫은 말은?」이라는 설문조사를 했습니다. 당연히 「공부 좀 해」가 1위라고 확신했는데 결과는 달랐습니다.

「공부 좀 해」보다도 아이들이 부모에게 더 듣기 싫었던 말은 뭐라고 생각하세요? 사실 저로서는 전혀 상상도 못했던 말이었습니다.

　바로「다른 사람과 비교하는 말」이었습니다.「형은 이것 잘했는데」「이웃집 ○○는 그렇게 공부를 잘하는데」「아무개는 그랬는데」「엄마 친구 아들은 벌써 진도가 여기까지 나갔대」라고 비교하면서「그런데 왜 너는 못해? 좀 더 열심히 해보자」「그 애도 했으니까 너도 할 수 있을 거야」라고 말하는 것입니다.

　이렇게 다른 사람과 비교하는 것을 아이들은 가장 싫어했던 것입니다. 이는 놀랍게도 전원이 일치했습니다. 남자아이 여자아이를 막론하고, 학년을 막론하고 모든 아이가「다른 사람과 비교하는 것이 싫다」라고 답했습니다. 그것도 모두 즉답했습니다.

　이 결과에 놀란 것은 누구도 아닌 저 자신이었습니다. 저는 마음속으로도 제 아이를 다른 누군가와 비교한 적이 전혀 없었기 때문에「다른 엄마들이 그렇게 아이를 비교하고 있다고?!」하고 순수하게 놀랐습니다.

　그때 생각난 것이 어떤 남자아이(5학년)의 이야기입니다. 그 아이는 어째서인지 다른 아이를 바보 취급하는 말만 했습니다. 하지만 그 아이의 엄마는 전혀 다른 사람에게 악담을 말할 것 같은 사람이 아니었고, 사람을 편안하게 만드는 부드러운 면모를 가진 사람이었습니다.

그런데 어째서 아들은 나쁜 말만 하게 되어 버린 것일까요? 엄마는 저와 이런저런 이야기를 나누던 중 스스로 「나는 아이를 비교만 했구나」라는 것을 깨달았습니다. 운동을 시키고 나서 「○○는 이렇게 할 수 있대」라는 말만 했다고 합니다. 그래서 그 남자아이는 엄마에게 미리 "저 녀석은 나보다 못해."라는 것을 알리기 위해서 다른 아이의 험담을 하는 것일지도 모릅니다.

이를 깨닫고 난 순간 그 엄마는 이렇게 중얼거렸습니다. "우리 애 성격은 제가 만들었군요."

엄마가 비교만 하면 아이는 무심코 자신과 친구를 비교하고 "저 녀석은 나보다 못해, 이 녀석은 잘해."라고 말하게 됩니다. 그 탓에 다른 사람의 험담만 하는, 성격이 나쁜 아이로 자라 버린 것인지도 모릅니다.

실제로 타인과의 경쟁을 통해 성장하는 아이도 있습니다. 최근 학원에서는 매주 성적을 발표하고 그 성적순으로 자리를 바꾸는 일도 있습니다.

물론 그런 방식이 공부할 때 동기부여가 되는 아이도 실제로 있습니다. 하지만 부모에게 비교하는 말을 듣는 것은 다른 문제입니다. 부모가 자신을 다른 사람과 비교하는 것은 의욕을 꺾는 최강의 무기가 됩니다.

그리고 엄마도 스스로를 누군가와 비교할 필요는 없습니다. 누구나 「나 자신」은 이 세상에 한 명뿐입니다. 다른 사람과 비교하지 말고 자신 나름의 인생을 살아가면 됩니다.

Point 아이들이 부모에게 가장 듣기 싫은 말은 「다른 사람과 비교하는 말」이다.

엄마가 바뀌면
아이의 미래가 바뀝니다!

제가 왜 아이를 다른 아이와 비교하지 않았을까요? 저의 어머니가 그런 일을 일절 하지 않았기 때문입니다. 사실 어머니의 육아 스타일은 상당히 스파르타였는데 다른 사람과 비교한다는 발상은 없었습니다. 그 점에 대해서 지금도 감사하고 있습니다.

아이를 비교하는 엄마는 어쩌면 자신이 그렇게 컸기 때문일지도 모릅니다. 육아는 어딘가에서 배우는 것이 아니라 누구나 처음부터 시작합니다. 그래서 자연스레 자신의 부모와 닮게 됩니다.

여러분도 항상 다른 사람과 비교당한다면 그것이 싫지 않을까요? 제가 가르치고 있는 아이들처럼 즉답으로 「다른 사람과 비교하는 것이 싫다」라고 답하지 않을까요? 여러분이 싫어하는 일을 아이에게 해서는 안 됩니다. 아이가 싫어한다는 것은 당신이 가장 잘 알 것입니다.

엄격한 부모나 무신경한 부모에게서 자란 사람은 어떻게 하면 좋은 부모자식 관계를 구축할지 모를 수도 있습니다. 하지만 「아이를 행복하게 만들고 싶다!」라는 강한 바람이 있다면 못할 것은 없습니다.

저 또한 어떻게 아이를 키우면 좋을지 전혀 몰랐습니다. 그래서 책을 읽거나 다른 사람의 이야기를 듣고 여러 가지 육아법을 공부했습니다. 그래도 어떻게 해야 할지 알 수 없었고 몬테소리 교육을 만나기 전까지는 아이에게 자주 화를 냈습니다.

만약 여러분이 부모에게서 좋은 육아를 받지 못했다고 해도 그 부정적인 영향이 여러분의 아이에게 이어질 일은 없습니다. 자신이 끊어내면 됩니다. 그것은 아이를 위해서가 아니라 여러분이 행복한 노후를 맞이하기 위해서도 필요한 일입니다.

부모와 똑같이 육아를 해서는 여러분의 아이가 여러분과 똑같은 사람으로 자랄 뿐입니다.

자신보다 더 나은 아이가 되길 바라고, 자신이 하지 못했던 일을 할 수 있는 사람으로 성장하길 바라고 더 행복한 삶을 살길 바라지 않나요?

자신의 부모에게서 좋은 점은 본받고, 부모에게서 싫었던 점이나 이 점 때문에 공부하기 싫었다는 점이 있으면 곧바로 치워 버리세요. 아이는 반드시 엄마(아빠)에게서 무언가의 영향을 받고 있습니다. 엄마(아빠)가 넓은 시야와 따뜻하고 큰 애정으로 육아에 힘써 아이의 재능을 발전시켜 주세요.

Point **아이의 행복을 바라는 마음만 있다면 못할 것도 없다.**

육아는 눈 깜짝할 사이에 끝나요!
그러니까 더 앞을 내다보세요!

아이를 당신을 뛰어넘는 존재로 키우려면 스스로 생각하고 스스로 선택하며 결정하고 스스로 해 나갈 수 있도록 만들 필요가 있습니다. 아이가 당신의 생각에 순종하도록 만들면 결국 당신과 똑같은 선까지밖에 성장하지 못하기 때문입니다.

바꿔 말하면 「부모를 뛰어넘어 생각하는 힘」을 익힐 수 있도록 해야 합니다. 이를 위해서는 무엇보다도 아이를 「지배」하지 말아야 합니다. 부모가 이를 알고 바뀌지 않으면 안 됩니다. 아이가 자신을 뛰어넘길 바란다면 부모도 「생각하는 힘」을 익히지 않으면 안 됩니다.

「다른 사람이 추천해줬으니까」「책에 적혀 있었으니까」라는 이유만으로 아이에게 강요하는 엄마가 정말 많습니다. 유감스럽지만 육아에는 정답이 없기 때문에 「내 아이에게 어떻게 하는 것이 좋을지」를 반드시 생각해야 합니다.

엄마에게 「생각하는 힘」이 필요한 이유는 앞을 내다보기 위해서입니다. <u>아이를 키우는 것은 한 사람의 인간을 만드는 것입니다.</u> 앞으로 몇 십 년을 살아가기 위한 토대를 지금 당신이 만들고 있는 것입니다.

그러므로 평소 아이에게 하는 말도 좀 더 신경 써야 합니다. 확실히 아이를 키우다 보면 화가 나는 일이 많을 거예요. 하지만 감정에 휩쓸려서 큰소리로 명령하는 일은 아이의 장래에 어떤 영향을 끼치게 될까요?

화낼 때뿐만 아니라 「지금 이 말을 하면 아이의 장래에 어떻게 될까?」라는 생각을 하지 않고 말을 내뱉는 엄마(아빠)가 많은 것 같습니다. 이는 지금밖에 보지 않는 행위입니다.

앞을 내다보는 행위는 매우 중요합니다. 육아는 곧바로 결과가 나오지 않기 때문에 항상 앞을 신경 쓰지 않으면 안 됩니다. 노후까지 내다본다면 정말로 신중하게 해 나갈 수밖에 없습니다.

어렸을 때 부모가 퍼부었던 말은 계속 아이의 마음속에 남아있습니다. 그러므로 부디 앞날을 생각해서 아이에게 할 말을 고르기 바랍니다.

육아가 영원하게 계속된다고 생각하는 사람이 있을지도 모르지만, 가령 아이가 지금 열 살이라도 앞으로 8년이면 고등학교를 졸업하고 대학 진학으로 독립할지도 모릅니다. 힘든 시기는 순식간입니다.

그렇다면 지금의 한마디, 오늘의 사소한 사건이 앞으로 아이 인생에 어떠한 영향을 끼치게 될지 잠시 상상해 볼 수 있지 않을까요?

물론 그 상상은 빗나갈지도 모르고 앞으로 무슨 일이 일어날지 알 수 없는 것도 사실입니다. 하지만 가까운 미래를 내다보는 습관이 생기면 아이에게 불필요한 악영향을 주거나 예상치 못한 사태로 이어지는 일은 조금 줄어들 것입니다. 그것이 아이에게 있어서도 당신에게 있어서도 행복에 보다 더 가까워지는 방법입니다.

어렸을 때 부모가 퍼부었던 말은
어른이 되어서도 계속
아이의 마음속에 남는다.

언제든지 뒤바뀌어도 괜찮은
부모자식 관계를 만들어 놓으세요!

저는 「어떻게 하면 아이의 능력을 높일 수 있을지」 「어떻게 하면 쉽고 즐겁게 공부하는 아이로 키울 수 있을지」를 철저하게 추구하는 육아를 했습니다. 그 덕분에 두 아이는 스스로 알아서 공부하고 각각 자신이 가고 싶은 대학에 진학하여 희망하는 회사에 들어갔습니다.

하지만 그런 외적인 결과 이상으로 매우 내면이 따뜻한 사람으로 자란 점이 가장 좋습니다.

아무리 머리가 좋고, 공부를 잘하는 사람이 되었다고 해도 부모에게 냉정한 사람이 되기를 바라는 사람은 아무도 없을 것입니다. 어렸을 때부터 시끄럽게 「공부해」 「이렇게 해」 「그건 하지 마」 등의 말을 들으며 큰 사람은 나이를 먹으면 부모가 했던 말을 그대로 돌려줍니다. 어쩌면 점점 부모에게서 멀어져서 가능한 한 부모 근처에 가려 하지 않을지도 모릅니다.

아이에게 꽥꽥 큰소리로 말하는 사람을 보면 나중에 나이가 들고 약해졌을 때를 생각하지 않는 것 같다는 생각이 듭니다. 부모자식의 연은 평생 끊어지지 않습니다. 지금은 부모가 강해도 「늙어서 기댈 곳은 자식뿐」이라는 말처럼 언젠가는 자식에게 의지해야 할 순간이 옵니다.

그런 부모자식 관계가 되려면 지금부터 준비해 두어야 합니다. 언제 입장이 역전해도 제대로 도움을 주고받는 부모자식 관계를 구축해놓는 것입니다. 그중 하나가 <u>아이가 무엇이든 이야기할 수 있는 환경을 만드는 것</u>이라고 생각합니다.

자신이 할 수 없는 것은 아이를 의지해도 좋다고 생각합니다. 일부러 실수해 보는 것도 좋을 수 있습니다. 사소한 것을 잊는다든지, 실패를 해보는 것입니다. 유감스럽게도 늙으면 정말로 못하는 것도 늘어납니다. 그러면 아이가 챙겨줄 거예요. 농담처럼 들릴지 모르지만 아이를 막다른 곳으로 몰아넣지 않기 위해서도 의외로 효과적인 작전입니다.

부모가 너무 틈이 없으면 아이는 모두 부모에게 맡겨 버립니다. 「아이니까」 하고 부모가 뭐든지 해 주면 사회에 나가는 순간에 아무것도 하지 못하는 어른이 되고 맙니다. 「자신의 일은 스스로 책임을 진다」라고 가르치는 것도 부모의 역할이 아닐까요.

언젠가 아이에게 가르침을 받는 입장이 됩니다. 지금 당장은 무리라도 조금씩 시도해 보면 엄마도 아이도 자연스레 새로운 관계를 쌓아갈 수 있을 것입니다.

 Point **자신이 할 수 없는 것은 아이를 의지해도 좋다.**

자신감을 얻고 싶다면
삶을 대하는 자세를 바꿔 보세요!

한 엄마에게서 「어떻게 하면 제 자신에게 자신감을 갖게 될까요?」라는 질문을 받은 적이 있습니다. 가령 자세를 바르게 하는 것부터 시작해 보면 어떨까요? 앞에서도 아이의 자세에 대해 언급했듯이 나쁜 자세는 체형을 비뚤어지게 할 뿐만 아니라 마음 상태에도 악영향을 끼칩니다.

자세가 좋으면 자신감이 있는 사람처럼 보이고 자세가 나쁘면 호흡이나 자율신경계에도 악영향을 끼치기 때문에 그것이 정신적인 면에도 이어지기 십상입니다. 그러므로 <u>엄마도 자신감을 갖고</u> <u>싶다면 우선 자세를 바르게 하세요.</u>

간단하고 지금 당장 할 수 있습니다. 우선 땅을 내려다보고 종종거리며 걷지 마세요. 머릿속에서 당당한 이미지를 그리면서 활기차게 걸어 보세요. 「그 정도로 될까?」라고 생각할지도 모르지만, 자신감이란 의외의 형태로 만들어집니다.

게다가 "뇌는 쉽게 속는다."라는 말이 있습니다. 행동에 옮기면 뇌는 그것을 믿습니다. 그러므로 자신감이 있는 사람처럼 행동하면 뇌는 「나는 자신감이 있다」라고 생각하게 됩니다. 내면부터 바꾸는 방법보다도 훨씬 간단하게 할 수 있고 효과적입니다. 부디 시험해 보기 바랍니다.

그밖에도 항상 웃는 얼굴로 있는 것도 자신감으로 이어집니다. 이 방법도 뇌를 속이는 방법인데, 재미있지 않아도 입꼬리를 올리고 웃는 얼굴을 만드는 것입니다. 그러면 <u>뇌는 「나는 즐겁다」라고</u> <u>생각해서 행복을 느끼는 뇌내물질을 분비합니다.</u>

실제로 거울을 보며 몇 번 웃어보면 어쩐지 기분이 좋아짐을 실감할 거예요. 부디 시도해 보세요. 엄마의 웃는 얼굴은 아이에게도 좋은 영향을 끼칩니다. 엄마가 항상 무뚝뚝한 얼굴이라면 아이는 자신에게 불만이 있다고 여깁니다. 엄마의 미소는 아이의 자신감을 키워 줍니다.

　어딘가 의기소침한 기분이 드는 사람은 매일 「좋은 일」을 해보면 좋습니다. 그렇다고 해서 봉사활동 같은 일을 본격적으로 할 필요는 없습니다. 예를 들어 이웃에게 인사하는 것만으로도 기분이 좋아집니다. 「나는 좋은 일을 한다」라는 생각이 자신감이 됩니다.

　저는 코칭을 배웠을 때 「매일 세 번, 좋은 일을 해본다」라는 말을 듣고 그대로 해보았는데, 한 달 만에 마음 상태가 크게 바뀌었습니다. 틀림없이 남에게 인정을 베풀면 자신에게 돌아옵니다.

　자신감이라는 것은 눈에 보이지 않고 어떤 구체적인 근거가 없으면 안 되는 것도 아닙니다. 자세로도, 미소로도 무엇이든 어떤 형태로 자신감이 붙으면 계속 자신감이 없는 채로 있는 것보다 좋지 않을까요?

 Point 　바른 자세, 웃는 얼굴, 하루에 한 번 좋은 일을 실천하면 자신감이 붙는다.

「학부모 친구」와의 관계가
아이의 미래를 어둡게 만들어요!

    엄마의 친구관계는 아이에게도 큰 영향을 끼칩니다. 학부모 친구를 사귈 때에는 이 점에 대해 다시 생각해 보세요. 발목을 잡을 것 같은 사람이나 민폐를 끼칠 듯한 사람과 일부러 사귈 필요는 없습니다.

    어쩌면 「아이를 위해서」라고 참고 지내려 할지도 모르지만, 엄마가 심술궂다면 아이도 심술궂을 가능성이 높습니다. 그리고 만약 당신이 따돌림을 당한다면 아이도 똑같이 따돌림을 당할지도 모릅니다.

아이는 부모를 보고 있습니다. 그러므로 엄마가 누군가에 대한 험담을 하면 모두 듣고 있습니다. 그리고 상대의 아이를 「따돌려도 되는 상대」로 여깁니다. 왜냐하면 엄마가 험담을 했으니까요.

「아이를 위해서」라고 말하면서도 결국 전혀 아이를 위해서가 아닙니다. 그렇게까지 해서 그 사람과 사귈 필요가 있을까요? 그런 사람이 아니라 당신 자신이 존경할 만한 사람과 사귀세요. 「이런 엄마가 되고 싶다」 「이런 여성이 되고 싶다」 「그 가족은 훌륭하다」 같은 마음이 드는 사람과 사귀세요.

이런 이야기를 하면 "항상 아이 중심으로 생각했지 저를 중심으로 생각한 적이 없었어요."라고 말하는 엄마도 있습니다. 자신을 중심으로 생각해야 해요. 왜냐하면 그것이 아이의 행복으로 이어지기 때문입니다.

엄마의 친구관계는 좋든 나쁘든 아이에게 영향을 끼칩니다. 아이 중심으로 인간관계를 쌓고 있는 엄마가 많은데, 그 반대가 되어도 좋습니다.

특히 일하지 않는 엄마는 아무래도 시야가 좁아지기 십상입니다. 학부모 친구와만 이야기하고 그 내용으로만 세상을 바라봅니다. 그러므로 비교할 때에도 그 범위에서만 비교하고 그 범위에서

만 기뻐하거나 낙담하거나 발목이 잡힙니다.

하지만 아이가 평생 그 학군에 있을까요? 진학, 취직으로 밖으로 나가는 것을 생각하면 근처에 있는 아이만을 라이벌로 보는 것은 의미가 없습니다. 세상에 날아오르려면 세상 사람을 시야에 넣어야 합니다.

친척아이나 이웃아이 혹은 같은 반의 아무개와 비교해도 소용없습니다. 지금은 그곳에서 경쟁하고 있다고 해도 평생 그 아이들과 경쟁하지는 않습니다. 그런 좁은 곳에서 비교한다고 해도 아이의 능력을 정말로 키워 줄 수 없습니다.

근처 스포츠클럽의 엄마끼리 옥신각신하며 올림픽을 목표로 하는 사람에 대해 이야기한 적이 있습니다. 그중 한 사람은 "그래서? 그게 무슨 말이야?"라는 식으로 그 선수의 목표에 대해 전혀 이해하지 못하는 눈치였습니다.

세상을 목표로 하는 사람은 보는 세계가 다릅니다. 당신의 아이가 세계를 목표로 하지 않는다고 해도, 적어도 지금의 장소보다 더 넓은 곳에서 싸우기를 바라지 않나요? 당신의 인간관계가 아이의 발목을 잡지 않도록 주의하세요.

엄마의 친구관계는 좋든 나쁘든
아이에게 영향을 끼친다.

좋아하는 것이 있으면
자기 자신을 더욱 좋아하게 돼요!

자신감 형성의 요령으로 「좋아하는 것 발견하기」가 있으니 한번 시도해 보세요. 취미이든 수집이든 무엇이든 좋습니다. 「나는 이것이 좋다」라는 것을 찾을수록 매일이 즐거워집니다.

좋아하는 것이 있으면 그것을 「원한다」 「하고 싶다」 나아가 「더욱 원한다」 「더욱 하고 싶다」라는 마음이 싹터서 그것에 몰두하게 됩니다. 그리고 이를 실현하기 위해 앞으로 나아가게 됩니다.

"나는 자신감이 있습니다."라고 말하는 사람은 없습니다(만약 자신감이 있다고 해도 꼴불견이 되기 싫으니까 그런 말을 하고 싶지 않을 겁니다).
하지만 **몰두하는 무언가가 있는 사람은 그런 자신에게 자신감이 있을 것입니다.**

또한 그렇게 좋아하는 것을 통해 새로운 사람을 사귀기도 하고 그전에 접하지 못했던 세상을 만나기도 합니다. 좋아하는 것이 같은 사람끼리 연결고리가 생기면 더욱 인생이 즐거워질 것입니다.

게다가 이런 장소에서 "우와! 대단해요!" 같은 말을 들으면 더 큰 자신감이 생기게 됩니다. 하지만 그렇다고 정말로 대단해질 필요는 없습니다. 똑같이 좋아하는 것을 가진 사람이 자신이 모르는 것을 하나 알고 있거나 자신보다 수집품이 하나 더 많다면 그것으로도 「대단하다」라고 말하고 싶어지겠죠?

무엇이든 좋습니다. 하지만 똑같이 「좋아하는」 것이 있는 사람에게 말하는 편이, 모르는 사람보다 자신을 이해하는 사람에게 말하는 편이 솔직히 기쁠 거예요.

자신에게 자신감을 가지는 데 수입, 업무, 체형, 용모 혹은 남편, 아이 등은 관계없습니다. 사소한 일이라도 「대단하다」라는 말을 들으면 사람은 자신감이 붙게 됩니다. 작은 자신감이 쌓이면 큰 자신감이 됩니다.

엄마는 아무래도 육아에 쫓기므로 스스로도 자신이 무엇을 좋아하는지 알지 못하는 사람이 많습니다. 생활이 바쁘면 자신이 무엇을 좋아하는지 잊어버리죠. 그러므로 곰곰이 생각해 보는 것이 중요합니다. 적어 보는 것도 좋습니다.

「나는 이것을 좋아했었지」 하고 깨닫고 그것에 몰두해 보면 기쁘고 즐거워지며 웃을 수 있을 것입니다. 인생이 즐거워질 테니까요. 그것만으로도 자신감이 생깁니다.

엄마가 몰두해 있는 것에 아이가 흥미를 보이는 경우도 있습니다. 그러면 아이와 이런저런 대화를 나눌 수 있습니다. 부모자식 관계가 좋아지고 육아도 즐거워지며 자신감이 가득한 밝은 부모자식 관계가 될 것입니다.

Point 작은 자신감이 쌓이면 큰 자신감이 된다.

아이에게 의존하지 말고
엄마 자신의 인생을 사세요!

「좋아하는 것을 발견하라」고 말하면 「나는 육아가 취미다」 「아이를 좋아한다」라고 생각하는 엄마도 있을지 모릅니다. 하지만 거기에 몰두하는 것은 잠시 멈춰 주세요.

물론 저도 육아에는 열심이었습니다. 그것도 상당히 열심이었다고 생각합니다. 하지만 「오로지 육아만」이 되어서는 안 됩니다. 「오로지 육아만」이 되어버리면 앞이 보이지 않고 냉정한 판단이 어려운 순간도 생깁니다.

저에게는 재봉이라는 취미가 있었습니다. 육아를 할 때에도 마음속으로 「왜 이렇게 바쁠 때 재봉틀을 돌릴까?」라고 생각하면서도 시간을 할애해 미싱에 몰두했습니다. 육아는 24시간영업, 연중무휴이므로 무의식중에 아이에게 「의존」해 버리는 경우도 있습니다. 아이만 생각하게 되는 것입니다.

그런 사람은 아이가 대학 진학 후 독립하고 나서도 아이의 이야기만 합니다. 아이 이외에 즐거움이 아무것도 없어서 「왜 사는지 모르겠다」라고 말하는 사람도 있습니다. 아이의 인생에 너무 관여하게 되면 이런 의존으로 이어질지도 모릅니다. 하지만 언젠가 아이는 독립합니다. 아이만 바라보고 있으면 부모 자신이 힘들어집니다.

아이에게 「나를 버리지 마」라고 말하는 부모가 있습니다. 아이에게 부담이 되지 않을까요? 엄마는 아이를 「응원하는」 입장이어야 합니다. 그러므로 독립을 기뻐하지 않으면 안 됩니다. 사실 더 이상 아무것도 해 주지 않아도 되는 것이니 기뻐야 하는 게 당연합니다. 아이에 대해서 「너는 너의 인생을 살아라」 정도의 조금 냉정한 부분을 가져야 한다고 생각합니다.

필요 이상의 의존은 아이에게도 불행입니다. 엄마가 무엇이든 다 해 주면 아이도 부모에게 의존하기 때문입니다. 하지만 대부분의 경우 부모가 먼저 죽습니다. 정신적·경제적으로 자립하지 못하면 아이가 불행해집니다. 「아이가 있으면 더 즐거울 수도 있지만… 없어도 즐겁다」 정도로 놓아주세요.

그렇게 교육에 열심인 유형이 아니라고 생각해도 오랜 기간 함께했던 아이입니다. 아이가 집을 떠나면 역시 얼마간의 상실감을 맛보게 됩니다. 아이가 좋은 대학에 들어갔다는 것을 언제까지고 기쁜 듯 이야기하는 사람도 있지만, 저의 경험상 아무리 아이가 도쿄대에 들어갔어도 기쁜 것은 「순간」입니다. 그 후에는 또 일상이 반복될 뿐입니다.

육아가 끝난다면 무엇을 할지 지금부터 계획을 세워 보는 것도 즐거울 거예요. 또 육아를 하느라 바쁘다며 변명하지 말고 시간을 내서 무언가를 배워 두면 시간이 있을 때 원활하게 몰두할 수 있을 것입니다. <u>좀 더 멀리 내다보고 당신의 인생을 즐기는 법을 생각해 보세요.</u>

Point : 아이에 대해서 「너는 너의 인생을 살아라」 정도로, 조금 냉정한 부분을 가져야 한다.

무엇보다도 아이의 사랑을
받을 수 있는 것은?

저는 아이들에게 즐겁고 편하게 공부할 수 있고 점점 능력을 길러 주는 방법을 습관화하고 싶다는 일념으로 육아에 몰두했습니다. 몬테소리 교육뿐만 아니라 다양한 정보를 모으고 아이들이 자신의 능력을 충분히 기르고 살아가고자 하는 인생을 나아가는 사람이 되도록 이끌었습니다.

하지만 그렇게 열심히 애쓰는 중에도 사실 저는 아이들이 중학생·고등학생일 때에는 아무것도 하지 않았습니다. 공부하는 방법을 배워서 스스로 할 수 있는 아이로 자랐기 때문입니다. 그래서 저는 아이가 초등학교를 졸업하고 나서는 청소, 세탁, 요리밖에 할 게 없었습니다.

지루했느냐 하면 사실 그랬습니다. 하지만 그것으로 좋다고 생각합니다. 아이들이 스스로 공부해 준 덕분에 저는 안심하고 다른 일을 할 수 있었습니다.

한 엄마는 "아이에게 맛있는 요리를 먹이는 것이 삶의 낙이었다."라고 말했습니다. 그 때문에 아이가 독립하고 나서는 조금 쓸쓸해졌다고 합니다. 하지만 그런 엄마에게서 자란 아이는 행복했을 것입니다.

엄마의 요리는 매우 중요합니다. 아이가 엄마의 애정을 아주 간단하지만 직접적으로 느낄 수 있는 것이 요리입니다. 엄마가 육아에 열심이고 아이에게 매일같이 학원을 보내는 가정이 있습니다. 엄마는 직장에 나가고 퇴근시간도 늦지만 학원을 데려다주는 것만은 게을리 하지 않았습니다.

「아이를 위해서」라는 일념으로 그렇게 뒷바라지를 한 것임을 압니다. 하지만 그 남자아이는 중학생이 되고 아무것도 하지 않게 되었습니다. 어렸을 때부터 학원에 너무 쫓겨서 팅 하고 실이 끊어져 버린 것입니다.

그 아이가 엄마에 대한 생각을 제게 이야기해 준 적이 있습니다. "그렇게 학원을 보내주는 대신에 제대로 된 밥을 만들어 주길 바랐어요."라고 말입니다. "제가 어리광을 부리는 걸까요?"라고 말하기에 저는 할 말을 잃었습니다.

부디 당신의 아이에게 맛있는 요리를 만들어 주세요. 「공부 좀 해」라고 말하기 전에 맛있는 요리를 만들어 주세요. 요리가 서투른 사람이나 일하느라 바쁜 사람에게는 어려울지도 모릅니다.

그렇다면 매일 매 끼니가 아니어도 괜찮습니다. 주말만이라도, 소풍날 도시락만이라도 신경 써서 만들어 주면 됩니다. 모든 것을 완벽히 할 필요는 없습니다.

사온 것을 그대로 내올 때도 있을 거예요. 하지만 가능한 한 그릇에 옮겨 닮고 레토르트 스프를 데우거나 방울토마토 1개를 자른다든지 신경 써 주세요. 조그마한 일에도 아이는 엄마의 애정을 느낍니다.

아이는 엄마에게 감사하는 마음을 좀처럼 표현하지 않습니다. 매일 밥상을 차리고 아이 간식을 만들어 주어도 아이는 시큰둥할 수 있습니다. 하지만 요리는 아이가 엄마를 생각할 때 큰 부분을 차지합니다. 게다가 엄마의 요리에 대한 기억은 평생 갑니다.

당신의 아이에게 애정을 전해주기 위해서라도, 당신을 향한 애

정을 키우기 위해서라도 「공부 좀 해」라고 말하기 전에 애정이 듬뿍
담긴 요리를 만들어 주세요.

 엄마의 요리는 아이가 엄마를 생각할 때
큰 부분을 차지한다.

실패를 딛고
자신감 있게
긍정적으로!

입시 시즌이 끝날 즈음 수험생이 있는 가정이 밝거나 어두운 분위기가 되는 것은 어쩔 수 없습니다. 아이가 노력해서 공부한 결과, 합격하면 그것은 가족 전체의 기쁨이고 인생이 열리는 듯한 전환점이 될 테니까요. 장래를 약속받은 기분이 될지도 모릅니다.

한편, 시간이나 돈을 소비했는데도 불구하고 불합격이 되는 경우에는 어깨가 축 쳐지고 가족 전원이 우울해질 것입니다. 그러나 아이의 기나긴 인생을 생각하면 반드시 나쁜 일만은 아닙니다.

얼핏 실패한 것처럼 보여도 그것을 양분으로 점점 성장해서 대성공을 거두는 경우도 있습니다. 오히려 그 실패가 없었다면 그 성공은 없었을 것이라는 이야기도 종종 들립니다. 즉 성공이나 실패라는 사건은 인생에서 잠시일 뿐이고 내일부터 계속되는 미래를 좌우하는 것은 아닙니다.

인생은 어디에서 어떻게 될지, 누구도 알 수 없습니다. 그렇다면 무슨 일이 있어도 자신감을 가지고 긍정적으로 나아가는 것. 좌절하거나 벽에 부딪혔을 때 어떻게 극복할지 그 실패를 어떻게 양분으로 삼아 살아나갈지가 가장 중요한 것이 아닐까요.

육아는 더욱 지금만을 보는 것이 아니라 멀리 보아야 한다고 생각합니다. 육아를 하고 있으면 여러 가지 일이 있습니다. 어째서 이런 일을 해 버렸나 하고 후회하는 경우도 있을 거예요. 그러나 반성은 해도 후회는 하지 마시고 다음에는 어떻게 하면 좋을지 어떻게 할지 긍정적으로 생각하세요.

어떤 사람의 인생에도 시련은 있습니다. 맑은 날이 있으면 흐린 날도 있습니다. 태풍이 오는 날도 있습니다. 이 책을 읽는 당신의 아이가 스스로에게 자신감을 갖고 유연하게 생각하며 임기응변으로 대응 가능한 행동력을 가지고 어떤 일에 직면해도 극복하는 정신력을 지닌 사람이 되길 바랍니다.

자신감 있는 엄마, 자신감 있게 크는 아이